行政法视野中的住房政策

凌维慈 著

中国社会科学出版社

图书在版编目（CIP）数据

行政法视野中的住房政策 / 凌维慈著. —北京：中国社会科学出版社，2019.10

ISBN 978-7-5203-4972-7

Ⅰ.①行… Ⅱ.①凌… Ⅲ.①保障性住房—法律—研究—中国②保障性住房—住房政策—研究—中国 Ⅳ.①D922.384②F299.233.1

中国版本图书馆CIP数据核字（2019）第200279号

出 版 人	赵剑英
责任编辑	许 琳
责任校对	鲁 明
责任印制	郝美娜

出　　版	中国社会科学出版社
社　　址	北京鼓楼西大街甲158号
邮　　编	100720
网　　址	http://www.csspw.cn
发 行 部	010-84083685
门 市 部	010-84029450
经　　销	新华书店及其他书店
印刷装订	北京市十月印刷有限公司
版　　次	2019年10月第1版
印　　次	2019年10月第1次印刷
开　　本	710×1000 1/16
印　　张	11
字　　数	206千字
定　　价	78.00元

凡购买中国社会科学出版社图书，如有质量问题请与本社营销中心联系调换
电话：010-84083683
版权所有　侵权必究

目 录
Contents

第一章　导论 … 1
第一节　研究的缘由 … 1
　　一　住房问题的严峻化 … 1
　　二　从行政法视角考察的必要性 … 2
第二节　研究对象的内容与特点 … 5
　　一　住房行政的历史发展 … 5
　　二　住房政策的类型 … 9
第三节　分析框架与内容结构 … 14
　　一　分析框架：行政任务视角下的合法性分析 … 14
　　二　本书的内容与结构 … 18

第二章　住房市场规制与行政法 … 20
第一节　经济性规制与干预行政 … 20
　　一　经济性规制的内容 … 20
　　二　法律保留的要求 … 23
第二节　社会性规制与给付行政 … 24
　　一　社会性规制住房政策的内容 … 24
　　二　传统法律控制方式的缓和 … 25
第三节　住房市场规制的困境与出路 … 30
　　一　住房市场规制的困境 … 31
　　二　制度出路 … 34

第三章 保障房政策与给付行政 …… 40

第一节 保障房政策的内容与法治难题 …… 40
一 主要内容 …… 40
二 保障房给付的法律控制难题 …… 43

第二节 法律保留原则的适用 …… 45
一 法律保留原则适用的空间 …… 45
二 行政责任的机制 …… 47

第三节 基本权利的约束 …… 49
一 最低保障的羁束义务 …… 49
二 分享权 …… 50
三 平等权 …… 50

第四章 住房政策与发展行政法 …… 53

第一节 住房政策的宏观调控任务 …… 53
第二节 宏观调控与发展行政法 …… 54
第三节 法律控制方式的再调整 …… 59

第五章 保障房买卖法律关系的行政法规制 …… 64

第一节 民事法律关系的适用及其局限 …… 66
一 通过民事合同实现公法目的 …… 66
二 保障房的特点与民事合同的局限性 …… 69

第二节 行政法律关系的运用空间 …… 71
一 行政合同、双阶关系的理论与制度 …… 71
二 行政协议的适用空间 …… 78
三 双阶法律关系的运用 …… 80

第三节 私人承担给付行政任务的法律关系构成 …… 86

第六章 住房租赁关系的行政法规制 …… 88

第一节 住房租赁行政规制的必要性 …… 88
一 租赁价格上涨的背景 …… 88

二　一线城市住房租赁的困境……………………………… 90
第二节　国外的经验与教训…………………………………… 91
　　一　租赁合同自由与生存权……………………………… 91
　　二　限租是把双刃剑……………………………………… 93
　　三　国外发达国家住房租金管制的成熟经验…………… 95
第三节　建立人口净流入城市住房租赁价格控制机制……… 96
　　一　建立住房租赁价格控制机制………………………… 96
　　二　修改居住房屋租赁相关法律制度…………………… 97

第七章　居住空间保障的行政法制度…………………… 99

第一节　我国居住空间分异现状与制度原因………………… 99
　　一　我国居住空间分异的现状……………………………101
　　二　我国保障房选址的类型及空间分异问题……………103
　　三　制度根源………………………………………………107
第二节　包容性规划与公平住房法……………………………109
　　一　包容性规划制度在各国的产生和发展………………110
　　二　规划配建的模式………………………………………118
　　三　美国住房法上的公平内涵及制度……………………123
第三节　城市土地国家所有与空间正义………………………127
　　一　制度性因素：城市土地国家所有制…………………128
　　二　土地私有制下正义城市的路径与局限………………132
　　三　我国正义城市的实现途径……………………………139

第八章　国家住房保障义务的构成……………………… 144

第一节　基本住房需要保障义务的羁束性……………………144
　　一　"基本生活"及其保障………………………………144
　　二　"基本住房需要"的保障义务………………………146
第二节　"基本住房需要以上"的保障义务与政策形成自由……148
　　一　"基本住房需要以上"的保障………………………148
　　二　政策形成自由及其约束………………………………151

第三节 流入人口住房保障权的实现 …………………… 155
    一 流入人口住房保障不足的现状 ………………… 155
    二 学界研究的现状 ………………………………… 157
    三 研究的思路 ……………………………………… 160

结　语 …………………………………………………… 162

参考文献 ………………………………………………… 164

后　记 …………………………………………………… 169

第一章 导论

第一节 研究的缘由

一 住房问题的严峻化

住房问题是中国过去 20 年社会、经济、政治领域最重要的主题。随着工业、服务业快速发展，近 20 年来，我国人口的城镇化率快速提高，大城市的住房供给严重不足。20 世纪 90 年代启动的中国住房市场化制度改革，大幅度提高了人均住房水平，住房条件持续改善（包括成套率、卫生和建筑材料条件等）。然而，与此同时，全国房地产投资热潮导致城市住房价格快速上涨，房价收入比远远超过合理指标。[①] 许多城市中低收入市民，包括新就业人口、流入非户籍人口难以承受昂贵的房价。从根本上看，住房价格上涨长期超越居民可支配收入上涨幅度，影响居民的其他消费支出，阻碍了创新人才的发展，严重损害了中国经济和社会的未来。

2005 年以来，国家和地方政府开始采取各类措施调控房地产市场，试图控制房地产市场的金融风险，并保障居民住房的可支付能力。迄今为止，一线人口流入城市住房价格的可支付性仍未得到充分缓解，三、四线城市则出现了住房空置和建设用地浪费的严重现象。进而，国家和地方政府的住房政策本身也存在保障房分配不公、限购措施过度规制甚至居住隔

[①] 房价收入比是指家庭住房总价与居民家庭可支配收入的比值，这一指标被认为是衡量房价是否合理最重要的指标，用于衡量房价是否处于居民收入能够支撑的合理水平，直接反映房价水平与广大居民自住需求相匹配的程度。易居房地产研究院每年度发布《全国房价收入比报告》，其数据显示 2003 年以前我国房价收入比还是一个相对合理的水平，此后便开始迅速上升。

离等问题。

二 从行政法视角考察的必要性

住房问题作为最重要的民生问题，毫无疑问其在法律上必须被追问：公民的住房保障是否是一项可以向国家要求的权利，相应地国家是否具有在宪法或法律上给予保障的责任？回顾我国近20年对住房问题采取的措施，可以发现以下的逻辑。

首先，宪法上的住房权是抽象的，有待于立法和行政的具体化。空泛地讨论应然层面的住房权会走入空中楼阁。法治较为成熟的国家，例如美国、日本、德国等，宪法上也并没有规定住房的权利，但中低收入人群的住房保障属于地方政府公共管理的重要事项。住房权有赖于立法和行政的具体化，甚至在一些国家会出现当地方立法都无法回应地方选民需要的时候，法院会做出积极的判决，支持保障房建设的规划。

其次，权利需要能够平衡复杂利益的行政决策制度来实现。综观各国租金和解约权限制进入住房租赁法的历史过程、包容性规划制度的产生、公共住房的建设历史，无不包含着工业革命、战后重建、低收入者的曲折斗争等重大社会变革和利益抗衡。住房问题实际上与住房政策形成过程的利益平衡机制缺失有着重要的关联。我国的住房政策制定中政府起着主导作用，而地方人民政府往往有着土地所有权代表的利益考量。市民在政策制定中博弈也不充分，住房市场既得利益者、外来的创新人才、外来务工人员，很难通过政策制定获得包容性的结果。

最后，权利的实现在于行政活动中具备法治要素。无论是基于社会义务的市场干预还是积极的福利保障都需要法治提供稳定可预期的制度机制。从法律的角度而言，住房政策首先会涉及对财富的再分配。房产税、个人所得税的征收以及在保障房建设中国家预算的投入，无一不是财富再分配的一种手段。住房政策中有关税收和限购的措施往往直接与公民的财产自由密切相关。保障房供给中土地的划拨还涉及国有资源的利用和分配。此外，对保障房的规划配建以及保障房的承租权和买卖自由的限制也会涉及邻人财产权的限制以及对财产自由和社会福利关系的理解，这些都需要行政法的基本理论与制度提供支持。

因此，从行政法的视角考察我国住房行政活动与公民住房权实现的关系，尤为必要。为了解决住房问题，国家和地方层面已经积累了大量的实践成果。政府对房地产业的依赖、参与、调节乃至控制等各种角色和行为也塑造了中央和地方人民政府具有中国特色的"行政"内容。这些都将为研究提供生动的素材。

国外在住房政策与法制方面的研究相当丰富和成熟。美国、英国、德国、日本、瑞典、新加坡等国都是在"二战"之后开始建立住房保障制度，相应于实务的展开，住房政策和法（housing law and policy）成为重要的法学研究方向。大多数国家将其作为一个重要的社会问题，开展综合性的研究，但在讨论如何规制住房市场以及国家如何提供福利住房时，所运用的理论和分析方法大都来自行政法。

美国法学界对于住房市场规制的研究分别从行政规制的成本收益分析和决策背后的利益与政治博弈探讨更佳的调控手段（Schwartz, 2010; Charles E. Daye 等，2010）。而在免税、租金补助、建设公共住房、可支付性住房等为目标的政策中，则从正当程序、平等权出发，研究公平分配、保护受资助者权利问题（Michelman, 1979; Deborah Kenn, 2001）。英国的学者针对各项政府对房屋租赁限制、社会住宅等政策都在法律上进行了充分的讨论，特别集中在对限制与财产自由的关系、社会住宅的可得性、资格认定、公平分配机制等（David Cowan, 2012）方面。

在日本，诸多学者从福利的角度对公共住宅政策与财政的关系进行了研究（原田纯孝，1985；大本圭野，1985），同时，围绕公营住宅的准入标准、退出机制、使用关系有着丰富的讨论。学者们分别就公营住宅的准入标准与平等权的关系（河野正辉），公营住宅租金可否视为税被强制征收（太田匡彦），公营住宅的正当使用应适用民事租赁合同还是行政行为（小高刚，1995；野吕充，1998）进行了深入的讨论和制度构建。

瑞典、德国和新加坡等国家被认为是在福利国家理念指导下，广泛运用行政权力保障公民住房权较为成功的国家。学者们也充分探讨了住房制度背后的权力运行机制，以及公民受资助的权利在法律层面的保护和救济程序。瑞典的相关研究考察了社会住房条款背后的立法机制（Julia Lawson, 2009），以及承担福利住房供给的市属房产公司的运行制度（Bengt

Turner，2007）。新加坡的法学研究讨论了政府在公共住房项目强制规划人口配比和公用事业配套的法律途径，以及自上而下推行的公共住房制度的法律机制（Beng-Huat Chua，1997、2009）。

我国行政法学界还未充分展开对住房领域行政职权行使的研究。民商法和经济法领域近年来针对完善我国住房保障制度发表了一些研究成果。相关研究关注到房地产调控措施背后中央和地方的财政分配问题（冯辉，2013）、制定《住房保障法》必须解决的保障性住房的准入和退出机制问题（郑尚元，2016）、房屋租金管制的合法性和可行性（许德风，2009）。[①]然而，研究多停留在个别性的政策建议层面。而且，公法学界对此尚未展开充分的研究，尽管有部分学者尝试探讨宪法上的住房权（朱福惠、李燕，2009；张震，2015），但行政法学界还少有研究关注住宅政策背后行政权运行的目标、方式、程序及其合法性、实效性的问题。[②]没有行政法制度落实的住房权毋庸置疑是空洞的。

调控住房市场与保障中低收入群体住房权属于国家行政职权的内容之一。也许对许多国家而言，这一职权并不在国家职权中占据重要位置，行政法上也不作为重要课题研究，但是，我国的特殊国情——土地资源与人口的紧张关系、城市化的急剧进程都迫使国家必须将住房调控和保障房供给作为重要的行政任务、促使行政法上必须建立确保这一"国家基本任务"的行政组织、行政立法、行政程序、救济途径的一系列制度，使公民在行政法的体系下能够享有国家的住房权保障。

事实上，针对近年来房价高涨、住房市场失灵的现象，我国住房领域的行政职权已经产生了巨大转变和扩张，从消极地不干预住房市场转变为为了保障民生和市场秩序积极调控住房市场并供给保障性住房。但是，这一行政职权的扩张伴随着行政机关广泛运用规范性文件和给付行政的新型活动方式来实现目标，现有法律框架对此往往难以约束；保障房准入资格、

[①] 参见冯辉《房地产调控中"央地关系"的失衡及其法律规制》，《法商研究》2013年第5期；郑尚元《居住权保障与住房保障立法之展开——兼谈〈住房保障法〉起草过程中的诸多疑难问题》《法治研究》2010年第4期；许德风《住房租赁合同的社会控制》，《中国社会科学》2009年第3期。

[②] 参见朱福惠、李燕《论公民住房权的宪法保障》，《暨南学报》（哲学社会科学版）2009年第2期；张震《宪法上住宅社会权的意义及其实现》，《法学评论》2015年第1期。

分配决定程序、强制腾退等行政行为的合法性、公平性问题也渐次浮现。同时，行政机关所运用的投入公共财政、限制公民的购房自由、根据户籍区分不同人群等诸多手段，不但未抑制房价的增长反而触及了众多公民权利和财产自由的边界。因此，从行政立法、行为和程序等角度，探讨如何确保国家对公民住房福利的给付，以及如何实现制度设计背后住房福利权与其他权利之间的平衡，毋庸置疑成为重要的行政法课题。

第二节　研究对象的内容与特点

一　住房行政的历史发展

从行政法的视角研究我国的住房政策，首先应当掌握我国住房行政丰富发展的历史，尤其是在此期间住房政策中政府和市场的关系。

（一）行政的退出：计划经济下福利分房的终结

1988年国务院开始推行的住房制度改革从改革公房低租金制度着手，将现在的实物分配逐步改变为货币分配，由住户通过商品交换，取得住房的所有权或使用权，使住房这个大商品进入消费品市场。[①] 这场市场化改革正是为了释放住房建设的产业动力而打破了福利分房体制，其核心在于"住房商品化"。此后的十几年间，国家在法律和政策层面实行的主要措施是打破土地和住房的计划分配格局、建立房地产自由交易的市场，甚至通过特定的配套制度来促进房地产业的发展。

1990年《城镇国有土地使用权出让与转让暂行条例》确立了土地使用权出让制度，建立了土地使用权交易市场。在此基础上，1994年《城市房地产管理法》建立了房地产开发的一整套制度框架，包括房地产企业准入、预售、产权登记、产权抵押等促进房地产市场发展的制度。此外，为了促进住房的商品化，国家建立了公积金制度以使职工利用工资收入

---

① 参见1988年《国务院住房制度改革领导小组关于在全国城镇分期分批推行住房制度改革的实施方案》文件中所确立的住房制度改革目标。

消费住房、建立了商品房预售制度促进房地产商开发建设、建立购买住房落实户籍制度促进住房的消费。四年之后，1998年7月3日国务院发布《关于进一步深化住房制度改革加快住房建设的通知》，宣布全国城镇从1998年下半年开始停止住房实物分配，全面实行住房分配货币化，实现了住房的市场化。计划经济体制下的"公有租赁住房实物福利分配制度"在改革过程中被逐步瓦解，到2000年，各地福利分房制度已基本被停止。[①] 尽管各地方仍有部分原有公有租赁住房未私有产权化，[②] 但作为一项福利制度早已被取消。

这场住房市场化改革从实施开初就在某种程度上担负了拉动经济增长的功能。我国房地产业发展迅速，而国务院也一度明确表明房地产业是我国经济支柱产业的方向，[③] 并建立一系列制度保证房地产业的高速发展。

（二）行政开始干预：2005年稳定住房价格

然而，房地产业的快速发展带来2003年后房价的过快上涨，引发了一系列社会问题，国务院开始转向加强市场调控。以2005年国务院办公厅发布的《关于切实稳定住房价格的通知》为标志，房地产市场的公权力介入进入重建政府与市场关系的阶段，其主要方向是对房地产市场自由交易规则进行一定限制，其间也短时间恢复到放松规制、促进产业发展的立场。这十年间的房地产调控措施体现了政府基于人权保障、市场健康秩序、产业和经济发展等各种目标而对市场交易活动进行干预的制度建设，也暴露了在这一监管领域，计划与市场监管模式并行、行政手段不受约束等特点。

2005年国家为稳定住房价格开始全面介入住房市场，提出建立保障房制度。这一转向是为了纠正过度市场化的住房市场给经济和社会带来的

[①] 1998年国务院发布的《关于进一步深化城镇住房制度改革加快住房建设的通知》中明确提出"停止住房实物分配"，至2000年，根据当时建设部部长俞正声在国务院新闻办公室举办的记者招待会上的通报，他认为以《在京中央和国家机关进一步深化住房制度改革实施方案》8月出台为标志，几十年的住房实物分配制度被画上了句号。

[②] 以上海为例，到2008年，根据上海统计局年鉴的数据，每百户城市居民家庭房屋产权构成中，尽管有37.8%的住房属于"房改私房"，但仍有17.4%的住房为"租赁公房"。

[③] 《国务院关于促进房地产市场持续健康发展的通知》明确提出房地产业是国民经济支柱产业。

问题。针对商品住房价格上涨过快，供应结构不合理的情况，2005年4月建设部等部委发布《关于做好稳定住房价格工作的意见》中首次提出，"为了合理引导住房建设与消费，大力发展省地型住房，在规划审批、土地供应以及信贷、税收等方面，对中小套型、中低价位普通住房给予优惠政策支持"。国家也以监管者的地位建立了一整套规制住房市场的政策体系，来促进或抑制住房的建设和交易。国家通过禁止商品房预购人将购买的未竣工的预售商品房再行转让、调整住房转让环节营业税、收紧房地产开发信贷条件、有区别地调整住房信贷等政策对普通和自住住房以外的建设和交易进行限制。此外，国家还通过限制或放松限制购房自由等调节住房交易的方式规制投资性房屋交易。

（三）行政放松干预：2008年金融危机

2008年面对金融危机造成的经济困难，国家对房地产市场的介入进入了第二次转折点，国家不得不放松对住房市场的干预，在增加土地供给、放松信贷等市场规制措施的同时，开始投入大量财政和土地用于保障房建设。这一方面回应中低收入人群的住房需求，另一方面放松规制、促进住房市场的交易。

在保障房建设领域，从立法政策上来看，实际上早在1994年，《国务院关于深化城镇住房制度改革的决定》就提出在启动公有住房私有产权化、住房实物分配货币工资化改革后，我国应建立起经济适用房、廉租房的二级保障体系。国务院在该决定中提出"各地人民政府要十分重视经济适用住房的开发建设，加快解决中低收入家庭的住房问题"。1998年，作为进一步深化城镇住房体制改革的文件中明确提出"对不同收入家庭实行不同的住房供应政策。最低收入家庭租赁由政府或单位提供的廉租住房；中低收入家庭购买经济适用住房；其他收入高的家庭购买、租赁市场价商品住房"。建设部也分别于1994年、1999年制定了《城镇经济适用住房建设管理办法》《城镇廉租住房管理办法》。除廉租房、经济适用房以外，针对商品住房价格上涨过快，供应结构不合理的情况，2005年4月建设部等部委发布的《关于做好稳定住房价格工作的意见》中首次提出，"为了合理引导住房建设与消费，大力发展省地型住房，在规划审批、土地供应以及信贷、税收等方面，对中小套型、中低价位普通住房给予优惠政策支持",并在其后 2006 年的《国务院办公厅转发建设部等部门关于调整住房供应结构稳定住房价格意见的通知》中对各个领域的优惠政策进行了具体化。

然而,从财政资金投入角度来看,真正在国家和地方层面开始执行保障房建设制度基本是从 2005 年,尤其是 2008 年金融危机后,国务院做出 4 万亿投资决定后开始的。从而,我国基本形成了三个层次的住房保障体系:廉租房、经济适用房(中低价位中小套型普通住房)、公共租赁住房。2012 年建设部制定《公共租赁住房管理办法》,旨在针对城镇中等偏下收入住房困难家庭、新就业无房职工和在城镇稳定就业的外来务工人员,通过提供租赁房的方式保障其住房需要。

(四)行政加强干预:2015 年至今

伴随 2008 年的放松规制措施,自 2014 年开始,全国房地产市场进入区域分化加剧的阶段。一方面,部分二线城市和多数三、四线城市住房供大于求、价格下行压力加大。国家和地方政府通过针对农村户籍购房落户、本科生零首付购房等措施,扩大有效需求,打通供需通道,消化库存,稳定房地产市场。另一方面,一线城市由于土地供给不足、需求旺盛以及购房资金杠杆率过高等因素,房地产价格飞速增长。从而,2016 年 10 月国庆长假期间,16 个住房价格上涨过快的城市人民政府先后出台限制交易、收紧信贷、控制交易价格等措施,严格规制土地和住房市场。

此外,国家和地方层面开始通过促进房屋租赁增加住房供给。2016 年 5 月,国务院发布《国务院办公厅关于加快培育和发展住房租赁市场的若干意见》,针对住房租赁市场供应主体发育不充分、市场秩序不规范、法规制度不完善等问题,提出支持住房租赁消费,促进住房租赁市场健康发展,以建立购租并举的住房制度为主要方向,健全以市场配置为主、政府提供基本保障的住房租赁体系,鼓励住房租赁消费、完善公共租赁住房、支持租赁住房建设。2017 年 7 月,住房和城乡建设部等 9 部门联合印发《关于在人口净流入的大中城市加快发展住房租赁市场的通知》,要求进一步加快推进培育和发展住房租赁市场相关工作,主要在 12 个试点城市推动承租人可享受公共服务,并通过各种渠道增加租赁供给。2017 年 6 月,上海市首次挂牌出让土地用途为租赁住房的国有建设用地使用权。南京市人民政府发布《南京市住房租赁试点工作方案》，提出适时研究出台符合条件的承租人享受与本地居民同样的基本公共服务政策措施，建立承租人权利清单，逐步实现购租同权。2017年8月，国土资源部住房和城乡建设部关于印发《利用集体建设用地建设租赁住房试点方案》的通知提出，为增加租赁住房供应，缓解住房供需矛盾，构建购租并举的住房体系，确定第一批在北京、上海、沈阳、南京、杭州、合肥、厦门、郑州、武汉、广州、佛山、肇庆、成都13个城市开展利用集体建设用地建设租赁住房试点。

综上所述，1988年住房体制改革所启动的"住房商品化"逐步瓦解了计划经济体制下"公有租赁住房分配制度"，基于对"自由市场模式"优势的认同，国家放弃了住房建设和供给的职权与责任。然而，20年后的今天，住房高度市场化带来一系列经济、社会的负面效应[1]，国家面对住房自由市场与人的基本居住需求的矛盾，重新干预市场并进行供给，建立新的住房保障体系。这种住房政策的发展演变体现了在住房领域，我国中央和地方人民政府在不同历史阶段，对行政权干预市场的程度和方式有着完全不同的立场，对何为行政的任务、如何处理好经济发展与福利保障也有着不同理解。

二 住房政策的类型

进而，观察近十几年的住房政策，其内容和手段之丰富，已展现了国家在解决住房问题上的创造和尝试，尽管这些手段有的触及了法治的底线，但其丰富的内容和决策背景值得进行细致的分析。

所谓住房政策是中央和地方政府以调整住房市场秩序、确保公民住房权利等为目标，选择各种手段干预住房市场，从而制定的各类行政规范的总称。本书将研究住房政策的时间范围限定在2005年至今。主要原因是，这一阶段国务院为了稳定住房价格而全面介入住房市场并开始提供保障性住房，这与计划经济时代的住房制度具有很大不同，其是在尊重市场基础上实施的行政干预，从而具有现代行政的特征。

---

[1] 住房价格的高涨以及针对低收入者公共住宅的缺乏导致住宅消费的支出成为中低收入城市居民沉重的经济负担，并带来了就业人员创造力下降、银行不良贷款增加、耕地资源减少乃至社会贫富差距进一步扩大等一系列严重的社会问题。

针对商品住房价格上涨过快，供应结构不合理的情况，2005年4月建设部等部委发布《关于做好稳定住房价格工作的意见》中首次提出，"为了合理引导住房建设与消费，大力发展省地型住房，在规划审批、土地供应以及信贷、税收等方面，对中小套型、中低价位普通住房给予优惠政策支持"，并在其后2006年《国务院办公厅转发建设部等部门关于调整住房供应结构稳定住房价格意见的通知》中对各个领域的优惠政策进行了具体化。在逐步根据社会需要建立积极的住房供给的住房保障政策以外，国家也以监管者的地位建立了一整套规制住房市场的政策体系，来促进或抑制住房的建设和交易。国家通过禁止商品房预购人将购买的未竣工的预售商品房再行转让、调整住房转让环节营业税、收紧房地产开发信贷条件、有区别地调整住房信贷等政策对普通和自住住房以外的建设和交易进行限制。此外，国家还通过限制或放松限制购房自由等调节住房交易的方式规制投资性房屋交易。[①]并且在2017年开始出现通过在城市规划中设定居住用地的具体用途可限定为租赁，来增加租赁房屋的市场供给。

简而言之，以上住房政策从作用的对象和方式来看，可以归纳为以下几种：

（1）税收调控（增加或减少营业税、个人所得税、房地产税）。

（2）限制交易（禁止预售商品房转让、限购、禁止未满期限的产权交易）、限制一手房房屋售价。[②]

[①] 例如2011年《国务院办公厅关于进一步做好房地产市场调控工作有关问题的通知》中提出了住房限购措施，并进而在2012年、2013年得到强化。2014年多地又取消了限购措施。自2014年开始，国内房地产市场进入一个新的转折期，从国家统计局公布的2015年前7个月数据看，房地产开发企业到位资金6.93万亿元，同比增长0.5%。其中，国内贷款1.25万亿元，下降4.5%。房地产市场总体供需平衡，结构性矛盾突出，区域分化明显加剧，部分二线城市和多数三、四线城市已经供大于求、价格下行压力加大，从2014年下半年开始，国家就开始采取一系列宽松政策，稳定房地产市场。

[②] 2016年3月18日，苏州市政府制定的《关于进一步促进房地产市场稳定健康发展的意见》中规定了开发商一次性销售房源面积不低于3万平方米、楼盘备案价格涨幅一年内不超过12%等。2006年下半年面对价格的疯涨，福州、北京两地政府也采取了限制房地产价格的措施，《福州市进一步促进房地产市场平稳健康发展若干意见》通过备案价格和限制同一房地产项目不同批次房源价格的上涨比例来限制房屋销售价格。北京市《关于促进本市房地产市场平稳健康发展的若干措施》采取限定销售价格并将其作为土地招拍挂条件的措施，控制房地产价格快速上涨。

（3）控制（增加或减少）土地供应（总量、结构和时序）[①]、城市规划限制非普通住房开发、增加普通住房供给比例、规定租赁房屋的土地用途。

（4）提高开发项目预售许可的标准、规制（或放松规制）银行对开发企业的贷款和住房按揭贷款、规制外商投资[②]。

（5）财政投入保障房建设和减免土地出让金、命令国有房地产企业参与保障房建设[③]。

（6）将农业户籍改为城市居民户籍、对购房人进行财政补贴，增加购房需求。

从行政对住房市场交易行为规制的出发点来看，以上这些住房政策又可区分为以下四个方面。

[①] 2016年为了解决三、四线城市住房库存问题，地方政府出台减少甚至停止供应土地的政策。例如四川省《促进经济稳定增长和提质增效推进供给侧结构性改革政策措施》中规定，"将商品住房可售周期超过二年的纳入减少直至暂停供地的类型"。

[②] 2006年公布的《关于规范房地产市场外资准入和管理的意见》，对外资进入房地产领域施加了诸多限制。主要原因是2002年以来，人民币升值预期强烈，房地产市场发展迅猛，外资通过收购企业、直接购房等形式，设立大量房地产基金，2002—2006年，在上海、北京等一线城市，外资占商品房购买量的比重超过20%。因此，为抑制外资进入国内房地产市场，2006年《意见》延长了审批期限，在结汇、手续等方面还施加了很多限制条件。

2007年11月7日，由国家发展改革委和商务部联合颁布了《外商投资产业指导目录（2007年修订）》，在"限制类"中新增了外商投资"房地产二级市场交易及房地产中介或经纪公司"一项。除此之外，新《目录》也不再鼓励外商投资普通住宅和沿用对高档酒店等限制。2015年8月27日公布《关于调整房地产市场外资准入和管理有关政策的通知》，《通知》降低境外个人购房门槛，为境外资本进入市场提供便利，是在我国房地产市场进入价格下降趋势、外商投资协定"负面清单"谈判加快的背景下出台的，未来的方向应该是越来越开放外资进入房地产领域，对个人购房的限制也会真正做到"境内外平等"。

[③] 早在2011年3月份国务院就曾召开会议研讨保障房建设问题，住建部、国土部、国资委、财政部等相关部委以及多家大型央企均有列席。其后，住建部和国资委还分别召集地产主业央企开会，要求央企积极参与保障房建设。一些央企在3月底就收到了这份《关于积极参与保障性住房开发建设有关事项的通知》，《通知》要求，有关央企要加强与地方政府的沟通，争取支持，在地方政府的领导下，按照市场化运作方式，通过多种途径参与保障房开发建设。参见《央企看上保障房》，《新世纪周刊》2011年5月23日。例如长江三峡集团作为首个央企，出资建设北京市海淀北部11万平方米公租房。国企中冶置业曾是中国最大的保障房开发商，2011年底，其同时在建的保障房项目有50个，计划投资510亿元人民币。但当这些项目完工的时候，该公司却发现包括南京在内的众多地方政府要么无力、要么不愿按照先前的协议付款，成为其"低回报率的资产"。

1. 对需求端的规制

为了确保住房市场的均衡，国务院和地方人民政府通过税收调控、限制交易、购房落户、财政补贴购房人、调整购房首付及贷款利率等手段调整购房的需求。

税收调控主要包括增加或减少营业税、个人所得税、房地产税三种方式。2005年《国务院办公厅转发关于做好稳定住房价格工作意见的通知》规定购房不足两年交易的，征收营业税。2006年国务院将营业税从二年调整为五年，2011年国务院又出台规定按销售收入全额征收营业税。2013年《国务院办公厅关于继续做好房地产市场调控工作的通知》中提出个人所得税严格按转让所得的20%计征。营业税和个人所得税的调整显然都是为了降低交易双方的交易意愿。2011年上海和重庆还出台房产税征收文件，试图增加持有房地产的成本。

限制交易主要是禁止预售商品房转让和限购的措施。当需求失去了弹性，即人们不愿意寻求其他满意的替代性商品时，商品的供应会出现严重的或突然的短缺，由此引起的问题需要规制来解决，典型就是定额配给的形式。2011年《国务院办公厅关于进一步做好房地产市场调控工作有关问题的通知》中提出了住房限购措施，并进而在2012年、2013年得到强化。但是2014年多地又取消了限购措施。

购房首付的比例和贷款利率的调整也是影响购房人购房意愿的重要手段，从而对购房的需求产生作用。此外，为了增加住房的消费，多地政府还采取将购房人农业户籍变更为城市居民户籍，甚至对购房人进行财政补贴来增加购房需求。此类手段多出现在由于住房建设过度投资导致住房库存过大的三、四线城市。

2. 对供给端的规制

保证市场均衡的另一个政策方向是对供给端进行控制，国务院和地方人民政府通过控制（增加或减少）土地供应（总量、结构和时序）[①]、规

[①] 2016年为了解决三、四线城市住房库存问题，地方政府出台减少甚至停止供应土地的政策。例如四川省《促进经济稳定增长和提质增效推进供给侧结构性改革政策措施》中规定，"将商品住房可售周期超过二年的纳入减少直至暂停供地的类型"。而10月初，深圳、南京等地为了稳定住房价格，增加了土地供应量。

划限制非普通住房开发、增加普通住房供给比例、提高开发项目预售许可的标准、规制（或放松规制）银行对开发企业的贷款、加强对开发商土地出让金中自有资金的审查、禁止非房地产主业的国有企业参与商业土地开发和经营、规制外商投资、财政投入保障房建设和减免土地出让金、命令国有房地产企业参与保障房建设来调整住房市场的供给。

其中，建设用地的供给特别是普通住房用地的供给是地方人民政府作为土地所有权人代表干预住房市场的最直接手段。其中，对土地的具体用途、容积率等规划指标的调整将直接影响住房市场中满足不同类型住房的供给数量。因此，为提高针对中低收入人群的住房供给，2006年《国务院办公厅转发建设部等部门关于调整住房供应结构稳定住房价格意见的通知》中首次提出"商品住房建设，套型建筑面积90平方米以下住房面积所占比重必须达到开发建设总面积的70%以上"。

此外，国家和地方人民政府直接投入财政资金建设保障房毫无疑问将增加对中低收入人群住房的供给。2007年《国务院关于解决城市低收入家庭住房困难的若干意见》提出了将住房公积金增值收益、土地出让金的净收益的固定比例投入保障房，并在2008年通过国务院常务会议决定保障房建设的五年投资总量，大大增加了城市住房市场的供给。2017年开始出现通过在城市规划中设定居住用地的具体用途可限定为租赁，来增加租赁房屋的市场供给。

3. 直接限制价格

在整个房地产市场调控的过程中，也出现了政府直接控制价格来实现住房准公共品的功能。但这种手段只在极个别的、穷尽了其他手段无法实现政策目标的情形下才运用。比如，2016年住房价格上涨过快城市开始实施的限制土地出让价格、一手房房屋售价的措施。苏州市政府制定的《关于进一步促进房地产市场稳定健康发展的意见》中规定了开发商一次性销售房源面积不低于3万平方米、楼盘备案价格涨幅一年内不超过12%等。福州、北京两地政府也采取了限制房地产价格的措施。《福州市进一步促进房地产市场平稳健康发展若干意见》通过备案价格和限制同一房地产项目不同批次房源价格的上涨比例限制房屋销售价格。北京市《关于促进本市房地产市场平稳健康发展的若干措施》采取限定销售价格并将其作为土地招拍挂条件的措施，控制房地产价格快速上涨。直接限制价格是对市场交易机制的扭曲，会严重破坏市场主体交易的意愿和预期，因此，这些地方政府采取的方式也仅限于对价格上涨比例以及土地竞拍的最高价格进行限制，而并未直接限定价格。

4. 促进市场信息的对称

信息不对称是指参与交易各方所拥有、可影响交易的信息不同。一般而言，卖家比买家拥有更多关于交易物品的信息，但相反的情况也可能存在。不对称信息可能导致逆向选择（Adverse Selection），引发寻租行为。房地产市场的卖家比买家拥有更多的信息，因此市场监管机构需要建立一些制度促进双方获得信息的地位对称。从而，每一次稳定住房价格的措施都会提出要求工商管理部门对开发商明码标价行为进行检查以及对广告发布行为进行规制，确保购房人获得更真实的商品信息。

在以上所有的政策手段中，争议最为广泛的就是贷款和限购措施，因为其限制交易自由，直接面对消费者。而像调控土地供应、改变规划内容、减免土地出让金补助保障房建设甚至税收调控等措施却缺少法律层面的关注，因为这些措施往往由中央和地方国土部门通过行政命令直接加以调整，并在行政机关内部得到了快速的执行。然而，这些措施实质上也与外部的市场主体在权利义务上关系密切，并且直接反映了一个国家依法行政的程度高低。

第三节 分析框架与内容结构

一 分析框架：行政任务视角下的合法性分析

住房政策是中央和地方行政机关形成的有关住房开发、交易、保障等公权力介入为内容的措施，其形式上往往以政府规范性文件为载体，需要通过具体的行政行为来执行。从行政法的视角研究我国的住房政策，通过区分住房政策所承担的不同行政任务，来分析住房政策在不同任务下所应具有的合法性，以及行政活动中的法律关系（权利义务内容），也许是值得采用的分析框架。

行政法学通说认为，以德国、美国等国家历史发展为纵轴，行政任务大体经历了从干预行政到给付行政的变化。干预行政以国家社会二元为原则，只维持最低限度的公共秩序，整体作用趋于消极；给付行政则积极地介入经济自由和生存照顾领域，具有赋予社会成员利益的作用。[①] 政府规制也可纳入干预行政和给付行政的范畴。政府规制是在以市场机制为基础的经济体制条件下，以矫正、改善市场机制内在的问题（分配不公、经济不稳定、非价值物、公共性物品、外部性、自然垄断、不完全竞争、信息不对称、风险）为目的，政府干预经济主体活动的行为。一般将处理自然垄断和信息不对称问题进行的规制称为"经济性规制"；将处理外部不经济和非价值物问题的规制称为"社会性规制"。[②] 因此，以维护最低限度市场秩序的政府规制行为可纳入干预行政的范畴，而社会性规制则属于给付行政的一部分。现代政府规制已经不限于维护社会治安等狭义的规制，而是逐渐拓展至社会性规制领域，要求政府积极干预企业、市场和社会，以保护公共健康、生态环境和基本人权。[③]

以此为框架审视我国的住房政策，可以发现其同时承担着3种行政任务：

1. 干预行政任务。住房政策的基本目标是为了稳定住房市场的秩序，排除垄断和信息不对称等影响市场均衡的因素。住房市场与其他商品市场一样，会由于信息不对称或垄断等因素造成供需不平衡。由于住房短期内供应弹性过小，政府必须积极干预住房市场，重塑供需平衡，而不能坐待市场自身的周期性恢复。从国务院办公厅历年发布的《关于稳定住房价格的工作意见》来看，均包含查处捂盘惜售、恶意哄抬价格、房地产交易信息披露等促进供需双方信息均衡的措施。

2. 给付行政任务。确保住房价格的可负担性和住房的可得性以保障中

[①] 参见翁岳生编《行政法》（上册），中国法制出版社2002年版，第29页。

[②] [日]植草益：《微观规制经济学》，朱绍文、胡欣欣等校译，中国发展出版社1992年版，第22页。

[③] See David H. Rosenbloom, Richard D. Schwartz, *Handbook of Regulation and Administrative Law,* M. Dekker, 1994, p.73.

低收入人群的住房权利，是现代福利国家的基本职责，也是市场微观规制中社会性规制的重要内容。住房作为居民家庭赖以生存的生活必需品，不仅是一种商品，也是一种准公共物品，具有重要的社会属性。为此，行政机关通过规制住房市场主体的交易行为来确保住房的可得性，实现社会性规制的目标。同时，《宪法》第 14 条第 4 款对"国家建立健全同经济发展水平相适应的社会保障制度"的规定以及第 45 条关于物质帮助权的规定，为积极的住房保障政策提供了宪法基础。在积极的给付（保障）方面，为解决住房商品化后中低收入者的居住需求，国务院逐步确立了针对不同收入群体的住房保障制度体系，包括廉租房、经济适用房（双限房、自住房、共有产权房等）及公共租赁房。①

3. 宏观调控任务。政府通过对住房市场进行干预实现宏观调控的目的。20 世纪 90 年代以来，房地产业就被作为国民经济的基础性产业，对国民经济的增长具有重要带动作用。同时，房地产市场的调节会对国家金融市场带来冲击和杠杆放大效应，进而影响整个宏观经济。因此，我国住房政策的任务不仅在于实现市场均衡和确保住房价格的可负担性，而且是为了促进宏观经济的健康发展。例如，对购房人资格的限制、对房屋按揭贷款的首付比例的调节、对保障房的投入等，都蕴含着宏观调控的目的考量。这种行政任务是我国住房政策的独特内容，实质是行政主导经济的一种管理方式。"管理论"的提出者都或多或少意识到了这种职能的存在及其带来的法治问题。② 实践中，宏观调控任务往往与前两种任务混合在同一手段中，也使得从目的和手段角度来判断住房政策的合法性变得更为复杂。

行政任务的变迁将带来法律控制方式的变化。德国、美国的行政法制度和理论变化的历史体现了这一趋势。干预（规制）行政到给付行政的变

---

① 1994 年《国务院关于深化城镇住房制度改革的决定》和 1998 年《国务院关于进一步深化城镇住房制度改革加快住房建设的通知》明确提出"对不同收入家庭实行不同的住房供应政策"。建设部分别于 1994 年、1999 年制定了《城镇经济适用住房建设管理办法》《城镇廉租住房管理办法》。2012 年建设部制定《公共租赁住房管理办法》，满足新就业无房职工和城镇稳定就业外来务工人员的住房需要。

② 参见章剑生《现代行政法专题》，清华大学出版社 2014 年版，第 20—23 页；沈岿《监控者与管理者可否合一：行政法学体系转型的基础问题》，《中国法学》2016 年第 1 期。

化过程中，传统依法律行政的内涵发生转变。传统行政法理论基本上以干预（规制）行政为核心，构想如何控制行政，使行政作用对于人民权利或利益之干涉限于最小且必要之程度，主要表现为侵害保留原则、公法与私法二元论、比例原则等理论。① 而对应给付行政的兴起，形式法治的这些要求都开始发生变化。例如，自德国行政法学家福斯特霍夫提出"生存照顾"理论以来，法律保留等传统的依法律行政的原则也开始不完全适用于给付行政。② 美国自20世纪60年代透过行政积极提供各种福利保障之后，行政法也从强调严格限制行政权力转变为重视行政程序来保护广大受利益影响的群体。③

我国行政法学理论的发展，特别是近年来对"新行政法"的研究也体现了对"行政职能的变化引发行政法顺应变化做出调适"④的一种追问。罗豪才教授的"平衡论"、王锡锌教授的"行政正当性需求"论⑤以及沈岿教授的"监控者与管理者"论，都观察到随着行政任务的扩展，传统合法性的控权模式存在的不足。其中，有学者认为，我国行政法的合法性判断占据主流，主要是学说移植的影响和特定历史阶段制度建设的需要；我国和德国、美国等其他国家一样，都面对给付行政的扩张和规制行政的放松这一现象，需要引入与此种行政任务相匹配的行政法模式。⑥

同时，学者们也注意到，我国行政特有的任务或职能同样是行政法不局限于传统合法性评价而引入其他机制的重要理由。例如，王锡锌教授提出"管理性"行为、沈岿教授提出的"管理者"都指出了作为管理者角色

---

① 参见章剑生《现代行政法专题》，清华大学出版社2014年版，第18页。
② 参见[德]哈特穆特·毛雷尔《行政法学总论》，高家伟译，法律出版社2000年版，第109页。
③ 参见[美]理查德·B.斯图尔特《美国行政法的重构》，沈岿译，商务印书馆2002年版，第2页。
④ 李洪雷《中国行政法（学）的发展趋势——兼评"新行政法"的兴起》，《行政法学研究》2014年第1期。
⑤ 王锡锌：《行政正当性需求的回归———中国新行政法概念的提出、逻辑与制度框架》，《清华法学》2009年第2期。
⑥ 参见沈岿《监控者与管理者可否合一：行政法学体系转型的基础问题》，《中国法学》2016年第1期。

的行政需要一套不同于传统行政法的方法和体系,并提出了相关的设想。[①]遗憾的是,这些研究并未对管理者的职能进行充分展开,未能揭示管理性行为与传统法治的矛盾之处。

我国的住房政策同时承担着干预行政、给付行政与宏观调控三种行政任务。它们复杂交织,造成住房政策合法性判断的难题,也为反思我国合法性控制理论提供了实例。第一种干预行政任务下的住房政策适用传统的合法性控制,理论和实务上争议不大,然而给付行政和宏观调控任务下法律控制方式的转变问题,却是学界的理论空白,值得结合住房领域的具体政策展开分析,填补此项空白。

二 本书的内容与结构

本书除导论和结语外,共分为八章,其逻辑关系主要体现在以下方面。

本书的第二、三、四章分别区分了住房政策所承担的三项行政任务,即规制行政、给付行政、发展行政(宏观调控),分别探讨这三类任务中,住房政策的具体内容及其与传统行政合法性判断之间的关系。其中,给付行政任务和发展行政任务下,结合住房政策的特殊类型以及其出台的政策背景,可以发现其对行政合法性判断提出了新的要求,也对行政行为、行政程序等行政法的基本制度提出了新的内容。

本书的第五章考察了我国保障房政策中租赁与买卖两种类型所形成的新型法律关系。我国公有租赁住房的产权功能和经济适用房的产权属性对双阶法律关系和行政合同提出了制度上的需求,也对如何应用私法来完成行政任务提出了新的理论内容。

本书的第六章从行政法的角度探讨了,为了住房保障的福利是否可以对房屋租赁合同的自由进行限制以及如何限制。从制度实践的历史来看,租金限制政策也是一把双刃剑,其政策效果及合法性、合宪性都需要进行严密的分析和讨论。

本书的第七章从居住空间保障这一角度,探讨了行政法可以采取的干

[①] 参见王锡锌《行政正当性需求的回归——中国新行政法概念的提出、逻辑与制度框架》,《清华法学》2009 年第 2 期;沈岿:《监控者与管理者可否合一:行政法学体系转型的基础问题》,《中国法学》2016 年第 1 期。

预政策。这一部分的讨论是较为前沿的政策领域，其涉及城市正义的理论研究，也与行政法上土地管理法、城乡规划法的具体制度密切相关。

  本书的第八章在前七章具体行政法制度与理论探讨的基础上，回到宪法上的住房权，抑或说回到国家住房保障责任的角度，分析国家在立法政策和行政行为上对公民享有最基本或可支付的住房权利所应具有的宪法和法律层面的责任。

第二章　住房市场规制与行政法[①]

住房市场的规制是相当专业的经济学难题，从实施效果的角度来看，对规制目的与手段的选择，即使经济学界也观点各异。不可否认，当今世界经济的依赖程度和住房市场金融的复杂化决定了住宅政策设计是高度经济专业化的政策领域，所以往往赋予行政机关广泛的裁量权。那么以住宅政策要应对复杂经济形势为理由，行政机关的规制措施就可以不受法的拘束吗？答案显然是否定的。尤其规制手段中的税收调控和限购措施都将直接与公民的财产自由相关，从而必须受到法律优位、法律保留以及比例原则的约束。

第一节　经济性规制与干预行政

一　经济性规制的内容

制度经济学认为所谓公共规制是在以市场机制为基础的经济体制条件下，以矫正、改善市场机制内在的问题（分配的公正、经济的稳定、非价值品、公共性物品、外部性、自然垄断、不完全竞争、信息不对称、风险）为目的，政府干预和干涉经济主体活动的行为。一般将处理自然垄断为目的政策，如对相关领域进入、退出、价格和投资等进行规制，对信息不对

[①] 本章的内容曾以"规制抑或调控：我国房地产市场的国家干预"为题，发表于《华东政法大学学报》2017年第1期；以"住房政策的任务分化与法律控制"为题，发表于《法商研究》2019年第2期。

称问题进行规制，保护消费者利益、公开信息、制约广告和说明、赋予知识产权称为"经济性规制"；将处理外部不经济和非价值物问题的规制称为"社会性规制"。[①] 以此为框架，我国住房市场规制基于以下理由。

（1）住房是一种准公共性物品，具有重要的社会属性，它不仅是一种商品，还是居民家庭赖以生存的生活必需品。确保全体居民的基本住房水平是政府的重要职责。

（2）与住房相关的经济活动存在许多外部性。

（3）住房市场具有一定的垄断特性。土地市场在我国地方政府层面具有完全垄断的特征。这种由于土地的垄断性而带来的房地产市场的集中度较强和产品差别较大的垄断性特征一定程度可以由下游市场的竞争性结构得到解决。[②]

（4）住房市场的非均衡性导致的经济不稳定。"经济的稳定性"指的是，在竞争性市场机制条件下，可以在现有技术的基础上实现最高经济增长率，但是，市场经济却伴随着很大的经济波动，有时还发生大量的失业和剧烈的通货膨胀。市场机制虽然具有排除这些弊端从而实现新的均衡的内在机能，但恢复均衡需要时间，而且事实上大量的失业和剧烈的通货膨胀会带来大的社会经济的混乱。[③] 因此，市场本身需要政府进行适当干预，保持经济的稳定性。当住房将来可预期之边际生产价值（租金收入）不可能支撑如此高之交易价格，住房价格就失去经济理性的基础。住房市场无法自我实现均衡的理由主要在于信息不对称以及金融机构对房地产开发与交易提供的低利融资，以及不动产证券化和其他相关的金融衍生品，放大了金融因素对房地产价格的影响。[④] 住房与其他商品的不同，没有什么完全的替代品；短期内供应弹性很小；在现代金融杠杆工具作用下，房价有很强的自我增强机制，会造成"恐慌性购买"。房地产市场自我调

---

① 参见[日]植草益《微观规制经济学》，朱绍文、胡欣欣等校译，中国发展出版社1992年版，第22页。

② 参见厉伟《住房市场政府干预：国际借鉴及中国政策选择》，《经济体制改革》2007年第1期。

③ 参见[日]植草益《微观规制经济学》，朱绍文、胡欣欣等校译，中国发展出版社1992年版，第7页。

④ 参见黄茂荣《不动产价格之狂飙及其管制（上）》，《交大法学》2012年第1期。

节的过程往往过长，对金融系统带来冲击，过分投资过程中带来土地、资源的浪费很难及时恢复。因此，当住房市场运行出现了剧烈振荡，例如住房价格、交易数量、投资规模或新开工数量等市场指标出现过热态势或者过冷态势时，政府就要通过各类政策工具进行市场干预，以在短期内使住房市场恢复到稳定运行的轨道上，这就是政府干预住房市场的行为。①

我国 2005 年开始实施的一系列住房市场调控措施，其主要出发点在于确保经济的稳定、实现住房的准公共性功能。因此税收调控、限制交易、控制（增加或减少）土地供应（总量、结构和时序）、提高开发项目预售许可的标准、规制（或放松规制）银行对开发企业的贷款和住房按揭贷款等措施都应属社会性规制的领域。

当然，我国的住房政策中也存在经济性规制的内容，即出于反垄断和解决信息不对称制定的规制政策。我国城市住房市场是一个垄断竞争市场。房地产的自然垄断性则来自土地供给的稀缺性和空间的固定性两个维度。这种由于土地的垄断性而带来的房地产市场的集中度较强和产品差别较大的垄断性特征一定程度可以由下游市场的竞争性结构得到解决。而土地一级市场的行政垄断，同时也是我国土地供给的基本制度、调控房地产市场的一种重要手段，尚未成为规制垄断的对象。至于在住房供需市场中的信息不对称问题，各地方房地产管理部门都积极采取了禁止捂盘惜售、广告规制等措施。例如，早在 2005 年《国务院办公厅关于切实稳定住房价格的通知》中，国务院就提出"严格查处违规销售、恶意哄抬住房价格等非法行为"。其后，在《国务院办公厅转发关于做好稳定住房价格工作意见的通知》中规定："对于违法违规销售行为，记入企业信用档案，公开予以曝光"。

在针对房地产市场交易中开发商和购房人信息不对称问题进行的市场规制，从 2005 年迄今都是通过房地产管理部门发布规范性文件的方式予以规制。以上海为例，对于开发商和房地产经纪机构的规制主要表现为：

---

① 参见王松涛、刘洪玉《香港住房市场中的政府干预及其启示》，《城市问题》2008 年第 5 期。

（1）规定了商品住房销售方案的备案管理制度，试图通过备案制度，使购房人了解商品住房的全面信息；[①]

（2）规定了商品房销售合同备案登记制度，使所有的房屋交易行为透明化；[②]

（3）要求开发商在取得预售许可十日内公开全部准售房源与每套房屋价格，并对客户累积大于可供房源的项目，采取由公证机构主持的摇号等方式公开销售；[③]

（4）禁止开发商和房产经纪机构制造虚假信息、虚拟交易、发布违法广告，防止信息不对称现象出现。[④]

二　法律保留的要求

干预行政或侵害行政，指的是干预公民、法人和其他组织权利，限制其自由或财产，或课以其义务与负担的行政作用。此种行政通常以下命的方式变现于外，必要时可以采取强制的方式，例如禁止通行、征收土地或征缴税金等。[⑤]由于此种行政作用直接干预公民、法人和其他组织的权利与自由，因此需要受到法律保留等依法行政原则的较高程度的要求。

从而，尽管以上行政机关对开发商和房地产经济机构这些市场主体的规制，是出于维持市场秩序，防止交易双方信息不对称行为对市场供需平衡产生的不利影响和对消费者的侵害，但是，这些市场规制若缺乏法律法规层面的依据，而仅仅依据行政监管部门的政策（规范性文件为载体）做出，则确实不符合干预行政领域行政法治的要求，会使市场主体处于一种不安定的法律环境中。例如，对于违法违规销售行为，设定了记入企业信用档案的处罚，仅仅是由国务院办公厅发布的规范性文件来规定的。上海市在不同时期加大对违法违规行为的查处力度，针对同样的违法违规行为，处罚效果则显然有所不同。上海市房屋管理局2010年发布的《关于进一

[①] 参见《上海市商品房销售方案备案管理暂行规定》。
[②] 参见《上海市商品房销售合同网上备案和登记办法》。
[③] 参见上海市《关于进一步加强本市房地产市场监管规范商品住房预售行为的通知》。
[④] 参见上海市《关于进一步加强本市房地产市场监管规范商品住房预售行为的通知》。
[⑤] 参见翁岳生编《行政法》（上册），中国法制出版社2002年版，第29页。

步加强本市房地产市场监管规范商品住房预销售行为的通知》规定,"对故意采取畸高价格销售或通过签订虚假房地产交易合同等方式人为制造房源紧张、未按规定即时办理合同备案等行为,应视情采取限期整改、发出'行政告知书'、记入信用档案、暂停网上签约备案、降低直至取消开发企业资质等措施及时调查处理,暂停网上签约备案的应上报市局核准",这些处罚效果的规定显然在法律法规依据的形式合法性上有所欠缺。即使有充分的公共利益需要通过严格执法来实现,但规制的行为内容以及罚则仍应符合法律保留的基本要求。

第二节　社会性规制与给付行政

一　社会性规制住房政策的内容

如前所述,我国住房政策中的政府规制主要是社会性规制,承担着给付行政的任务。具体而言,社会性规制的住房政策主要表现在5个方面。(1)通过控制土地供应的总量、结构和时序增加土地供给;(2)通过规划用途限制控制非普通住房开发、增加租赁住宅供给比例;(3)通过税收调控(如增加或减少营业税、个人所得税、房地产税等)和限制交易(如禁止预售商品房转让、限购、禁止未满期限的产权交易等)减少购房需求;(4)通过规制开发企业的银行贷款和住房按揭贷款来减少购房需求;(5)通过限制一手房房屋售价直接达到控制住房价格的目标。

这些规制措施可能不当限制房地产市场中各类主体(土地所有权人、房地产开发商、购房人等)的自由和权利,应通过法律进行严格控制。但须注意两点。(1)住房政策的规制对象中很多是行政机关或国有企业,仅从财产权限制之合法性的角度,难以对此类住房政策进行法律控制。例如,地方政府国土资源部门出让土地方式的规制、国有企业参与房地产开发的限制、国有银行首付比例与贷款利率受到的行政指导等,都很难从不当限制国有土地所有权人代表、国有企业的所有权和经营自由的角度来进行分析,而需要从社会主义全民所有制的角度进行思考。(2)社会性规制的合法性要求与干预行政的政府规制有所不同。针对违反住房交易市场秩序的行为予以禁止和处罚，无疑属于干预行政，适用传统的合法性控制方式。但是，土地用途限制、税收调控、限购乃至控制交易价格等社会性规制住房政策，其目的包含保障住房可得性这一社会政策内容，不能简单适用严格的法律保留、比例原则等法律控制方式。下文将主要围绕税收调控和限购分析其在法律保留和比例原则适用上发生的变化。

二 传统法律控制方式的缓和

（一）法律相对保留

首先，住房政策中的税收调控广泛地通过全国人大常委会授权行政机关来制定，体现了法律相对保留。其主要表现为3种情形。（1）20世纪80年代为了应对经济体制改革，全国人大及其常委会将税收立法权宽泛地授予国务院；[①]（2）许多税的豁免、征收方式等事项又通过国务院授权制定的行政法规再授权给国务院、财政部或地方政府具体规定；（3）一些税收方面的基本法律将税收调整和征收方式等权限授予国务院、财政部或地方政府来具体规定。

具体而言，征收个人所有房产税、营业税免征要件调整和个人所得税征收方式调整体现了上述三个方面的特点。2011年上海市和重庆市分别以规范性文件的形式出台《暂行办法》，规定在一定条件下对个人所有房产进行征收。《暂行办法》依据的是全国人大常委会授权由国务院制定的《房产税暂行条例》以及国务院第136次常务会议的有关精神。在承认住房政策领域的税收可以由全国人大常委会宽泛授权国务院制定的前提下，停止适用《房产税暂行条例》的第5条第4项"个人所有非营业房产免予征收"，也应通过国务院制定行政法规。然而，上海市和重庆市的《暂行办法》只是规范性文件，其正当性的理由是"改革试点"，并且得到了国务

[①] 参见《关于授权国务院改革工商税制发布有关税收条例草案实行的决定》（1984年9月第六届全国人民代表大会常务委员会第七次会议通过）与《关于授权国务院在经济体制改革和对外开放方面可以制定暂行的规定或者条例的决定》（1985年4月第六届全国人民代表大会第三次会议通过）。

院常务会议的同意。①根据《中华人民共和国立法法》（以下简称《立法法》）第13条，试验性立法可以在全国人大及其常委会授权的情况下进行，但这一模式能否在国务院职权范围内针对税收立法行使，值得质疑。

营业税免征要件的调整也体现了第一和第二种法律相对保留的情形。2005年5月《国务院办公厅转发关于做好稳定住房价格工作意见的通知》规定，对个人购买普通住房超过2年（含2年）转手交易的，销售时免征营业税。之后在房价形势更加严峻的情况下，2006年国务院在《关于调整住房供应结构稳定住房价格的意见》一文中将2年期限提高至5年。《营业税暂行条例》第8条以列举的方式规定了免征营业税的情形，其中的概括条款将规定其他免税、减税情形的立法权赋予国务院，国务院继而以规范性文件的形式规定了免税的具体要件。

个人所得税征收方式调整则属于第三种相对保留的情形。2013年，国务院为了打击投机、投资性购房而发布的《关于继续做好房地产市场调控工作的通知》第2条将个人所得税的征收方式由原先的核定方式，即转让收入的1%—3%改为据实征收财产转让所得的20%。这一征收方式的改变，事实上提高了大部分二手房交易的个人所得税额度，构成了对房产投资行为的约束。但其具有法律依据，即《中华人民共和国税收征收管理法》（以下简称《税收征收管理法》）第35条的规定，纳税人费用凭证等残缺不全的，税务机关有权核定其应纳税额，并由国务院税务主管部门规定核定的具体程序和方法。早期交易的房地产很多存在缺少原值凭证的情形，因此依据法律规定采取了核定征收的方式。而2013年国务院的规定显然是基于商品房的发展，房地产的原值凭证基本完整准确的事实，要求税务机关适用《个人所得税法》第3条第5项财产转让所得适用20%的比例税率。相较于前两种税收调整，其法律保留的程度更高。

可见，税收对市场主体行为选择具有一定影响。基于经济和社会政策的考量，我国住房政策中的税收调整采取了立法机关授权行政机关，乃至行政机关再授权其他行政机关的模式。这种方式具有一定的合理性，因为

---

① 参见《财政部 国家税务总局 住房和城乡建设部有关负责人就房产税改革试点答记者问》（http://www.mof.gov.cn/zhengwuxinxi/caizhengxinwen/201101/t20110127_430873.html，2018-07-11）。

税收不仅是财政收入，也是经济政策、社会文化政策之管制诱导工具。[①] 以市场或经济调控为目的的税收税率小幅度调整或者税收优惠，需要及时因应经济变化，故有必要授予行政机关一定的灵活调整权限。具体税种的立法以及《税收征收管理法》的特定规范也已经为免税、减税以及征收方式的调整提供了法律依据。但不可忽视的是，宽泛授权的相对保留模式，将会导致征收权缺乏正当性，并带来过度征收、不合理征收的风险。

其次，住房政策中的限购和限价则无法律保留。2010年《国务院关于坚决遏制部分城市房价过快上涨的通知》规定："地方人民政府可根据实际情况，采取临时性措施，在一定时期内限定购房套数"。2011年《国务院办公厅关于进一步做好房地产市场调控工作有关问题的通知》对住房限购条件做了进一步明晰。根据国务院的文件，各个住房价格高涨的城市先后出台了地方人民政府贯彻国务院文件的实施意见，规定了具体的限购条件。[②]

住房市场中的限购实际上是限制投资性的需求来确保必需品的供应。[③] 限购措施主要限制购房主体的资格和购买的标的，即以具有本地户籍或缴纳税收及社会保险为购买资格的条件，以一个家庭购买限定数量和面积的住房为标的。从而，限购这一手段涉及对经济自由的限制和对非户籍人口的区别对待。从制度实践来看，各地住房政策中的限购措施仅以国务院发布的文件为依据做出，并不具备地方立法机关的授权，也不以《立法法》上政府规章的形式制定。各地方人民政府为了及时应对住房市场形势，避开复杂冗长的规章制定程序，采取了简单快速制定规范性文件的形式。

这种形式是否有悖于法律保留原则背后的原理，的确存在两方面的张力。一方面，从形式法治的要求来看，对财产自由的限制需要有法律根据。《立法法》第82条第6款规定地方政府规章无法律、行政法规、地方性

---

① 参见葛克昌《所得税与宪法》，北京大学出版社2004年版，第84页。
② 近几年地方政府的住房政策中甚至出现了禁止交易、限制交易价格的手段。2017年以来，上海、杭州、武汉等诸多城市开始实施商品房预售价格申报备案制度，行政机关通过对申报价格的审批控制一手房销售价格，实现调控房价的目标。这些对交易自由的限制，不论是作用于开发商还是购房人，都是对其经济自由的严重限制。
③ 参见李稻葵《李稻葵论限购：就像一剂退烧针，有副作用但是必需的》，《东方早报》2011年2月23日。

法规依据不得设定减损公民、法人和其他组织权利或增加义务的条款,即体现了这一理念。另一方面,社会性规制目标的实现的确需要放宽法律保留的要求。例如,限购政策要实现限制购房需求、稳定住房价格这一目标,就必须令购房人对政策出台无任何预期。然而法律保留原则则要求限购政策获得立法机关或国务院的授权,甚至制定法律或地方性法规。这些获得法律根据的过程会使购房人产生预期,从而使限购政策本身失去规制效果。因此,社会性规制的住房政策放宽法律保留的要求,以国务院文件授权的方式加以制定,具有一定的合理性。此类住房政策的法律控制更需要通过实质合法性的方式进行控制。

(二) 比例原则缓和适用①

实质合法性控制的方式首推比例原则。国务院发布的《全面推进依法行政实施纲要》(以下简称《实施纲要》)对合理行政提出了要求,其中"应当符合法律目的;所采取的措施和手段应当必要、适当;可以采用多种方式实现行政目的,应当避免采用损害当事人权益的方式"基本符合比例原则适当性和必要性原则的内容。与行政处罚、行政强制等具体的行政行为精细化地适用比例原则有所不同,②行政政策是否符合比例原则,法律规定和司法裁判都尚未明确其适用的步骤和内容。因此,以下主要以《实施纲要》的合理行政要求中包含的适当性、必要性原则为依据,分析税收调整与限购政策适用比例原则的程度。

以税收调整为例。住房政策中税收调控的手段有助于达成社会政策,符合适当性原则。③但是,税收调控的手段不应受到必要性原则的严格控制。具体而言,征收房产税、调整免征营业税的条件(时间)以及上调个人所得税率这些手段对于实现住房政策的社会政策目标是适当的。征收房产税,目的在于合理调节收入分配,促进社会公平,引导购房者理性地选择适当

---

① 日本宪法判例在适用比例原则时,存在区分严格适用和缓和适用的情形,有关学者比较美国和德国不同的审查基准,也提出过这种区分。参见[日]须藤阳子『比例原则の现代的意义と机能』,日本法律文化社 2010 年版,第 224 页。

② 《行政处罚法》第 4 条与《行政强制法》第 5 条的规定也体现了手段与目的相当的比例原则内容。司法裁判中更是出现了相当丰富的运用比例原则思路进行审判的案件。参见王静《比例原则在中国行政判决中的适用》,《交大法学》2017 年第 4 期。

③ 参见葛克昌《所得税与宪法》,北京大学出版社 2004 年版,第 92 页。

居住面积的住房,从而促进土地的集约使用。①增加免征营业税的时间条件,可以遏制普通住房的交易频率,从而减少住房市场的过度投资行为。上调交易个税的比例,也从增加交易成本的角度有助于遏制过度投资行为,有利于稳定住房价格。然而,在必要性原则的判断上,这三项税收调控手段是否必要、侵害是否最小,则难以衡量。因为,仅就控制投资需求的手段而言,限制贷款、增加税收、限制购房资格三者侵害程度的比较,需考量范围、程度等诸多专业的经济学内容。此外,这三项手段所要控制的投资需求各有不同,所要实现的具体目的仍有所差别,从而难以区分何种手段侵害性更小。再者,如果将目的扩张到控制住房价格,那么税收调控就不仅与限购、限制贷款手段相比较,还将与集体建设用地开发等手段相比较。这时,比较衡量的利害关系非常复杂和宏观,难以得到"避免损害当事人权益"或对当事人权益损害最小的这一结果。

再以限购政策为例。住房政策中的限购是否应受必要性、适当性原则的控制?限购的目的在于控制住房价格,确保可负担住房的可得性,进而防范金融乃至宏观经济风险。从2017年人口流入城市限购措施的实践经验来看,限购与贷款限制等手段共同发挥作用,的确实现了一线城市住房价格14个月同比涨幅回落。②然而,限购本身是不是实现价格同比涨幅回落的必要手段呢?对这一问题的回答,涉及经济学、行为心理学方面的专业判断,与其要求该政策符合必要最小限度要求,不如在政策出台程序中加强其专业性和独立性。而法律控制的重心应回到限购的条件是否构成歧视以及限购的临时性期限是否超出限购目的这两个问题上。

因此,尽管税收调控和限购会对市场主体的财产权造成限制,但在以经济、社会政策为目标的手段选择中,仍不适合严格适用比例原则的衡量方式,特别是必要最小限度的手段选择。住房政策的实质合法性判断更适

---

① 参见《财政部 国家税务总局 住房和城乡建设部有关负责人就房产税改革试点答记者问》(http://www.mof.gov.cn/zhengwuxinxi/caizhengxinwen/201101/t20110127_430873.html,2018-07-11)。

② 参见《国家统计局城市司高级统计师刘建伟解读11月份房价数据》(http://www.stats.gov.cn/tjsj/sjjd/201712/t20171218_1564145.html,2017-12-26)。

合应用美国法上的合理性基准,[①]即只要目的和手段具有合理的关联即可,将复杂的政策判断委以可担责的行政机关,由其通过合理的行政程序来做出决定。此外,从政策与法治的关系来看,单个规制领域的政策手段选择的法益权衡可能会超出本领域范围。例如住房政策关系到住房市场的稳定,而住房市场的稳定又与超大城市的承载力、区域经济发展不均衡等因素密切相关。因此,以严格的必要限度侵害标准要求住房政策的手段选择显然不利于政府进行通盘的政策考虑。就政策对应的现实来看,如果严格适用比例原则,将使政策制定失去灵活性。实际上,限购除了承担社会性规制任务以外,还承担着防范经济风险的宏观调控行政任务。运用限购的手段实现宏观调控目的,是否违反比例原则,有待后文进一步分析。

第三节　住房市场规制的困境与出路

近十几年来国家和地方对房地产市场的行政干预措施运用了各类规制手段,影响到诸多市场主体的权利,然而,运用一般的规制理论却很难评价这些措施的得失及其在法治层面的缺陷。究其原因,在于学界尚未就规制对象——我国房地产市场、规制目的——房地产市场与宏观经济关系以及国家在经济活动中主导地位对房地产规制产生的影响展开充分的研究。我国房地产市场规制具有规制者与被规制者重合、微观产业规制与宏观经济高度相关的特殊之处。因此,打破规制者与被规制者的重合、客观评价规制机关的独立、建立稳定的规制框架以及提高可负担性住房权利地位等视角应在规制方案设计时受到重视。

尽管2005年以来,国务院及相关部门、各地方政府采取了以上各类措施调控房地产市场,但是,十年后的今天,一线城市住房价格仍然高涨,

---

[①] 美国法上对涉及个人权利与平等保护立法的司法审查,其审查强度分为三个层次,合理性基准只要求法律所采取的手段与一个正当的政府目的之间具有合理的联系,是最为宽松的审查标准,适用于所有未被归入其他审查基准的案件,例如社会与经济立法。参见杨登杰《执中行权的宪法比例原则兼与美国多元审查基准比较》,《中外法学》2015年第2期。

二、三线城市却出现库存和建设用地浪费的严重现象，[①]房地产市场的均衡远未实现，住房问题对社会发展和权利保障的负面影响仍旧存在。

因此，有必要探讨和总结这十年来国家干预房地产市场的制度困境。从行政规制的视角来看，房地产市场调控毫无疑问具有规制领域有关规制失败的诸多特点，例如规制俘获、规制机关错误的诊断和拙劣的政策分析，然而在这些一般性问题之外，我国的房地产市场本身的特殊性也构成了房地产规制的问题所在。

一　住房市场规制的困境

（一）规制者与被规制者的重合

房地产市场的被规制者是房地产市场的参与者，包括土地所有权人、使用权人、开发商、房地产中介企业、消费者。而其中规制者——地方人民政府房地产管理部门本身就代表被规制者，即代表土地所有权人。

首先，从法律制度上看，二者必然会产生重合。《土地管理法》第 2 条第 1 款和第 2 款规定："中华人民共和国实行土地的社会主义公有制，即全民所有制和劳动群众集体所有制。全民所有，即国家所有土地的所有权由国务院代表国家行使。"其后第 8 条规定："城市市区的土地属于国家所有。"结合《中华人民共和国城镇国有土地使用权出让和转让暂行条例》第 9 条"土地使用权的出让，由市、县人民政府负责，有计划、有步骤地进行"，以及第 11 条"土地使用权出让合同应当按照平等、自愿、有偿的原则，由市、县人民政府土地管理部门（以下简称出让方）与土地使用者签订"的规定，可见，市、县一级地方政府是土地使用权出让中行使土地所有权的代表。无论是从委托代理的关系来看，还是从实质上土地出让金收入作为地方政府最重要财政收入来源的制度来看，市、县一级地方政府本身就是土地所有权利的代表，作为代表，它在经济行为的逻辑上

[①] 国家统计局 2015 年 11 月公布数据显示，中国房地产投资增速连续 21 个月下行，前十个月房地产开发投资 78801 亿元，同比增长 2%，而 2013 年全国房地长投资基本保持在 20% 左右的上涨速度，因此增速创历史新低。截至 10 月末，全国商品房待售面积为 68632 万平方米，1—10 月份，非重点城市商品房销售面积增速比 1—9 月份回落 0.4 个百分点，拉动全国销售整体下行，二、三线城市去库存成为重要的问题。参见国家统计局网站（http://www.stats.gov.cn/tjsj/zxfb/201511/t20151111_1271243.html）。

应希望土地出让金收入利益最大化。并且，分税制改革促进了这种土地出让金收入利益最大化机制的制度化。1994年分税制改革以后，中央上收了大量财权，特别是将增值税的75%归为中央政府，2002年以后又将地方税种中增长较快的所得税改为中央、地方共享税。但在财权向上集中的同时，地方财政支出责任不仅没有相应减少，反而有所增加。在这种财权向中央集中，事权向地方政府下放的非对称财政体制下，财权上收后地方政府缺乏足够的能稳定增长的地方税种（如财产税和土地增值税），于是地方政府的财政收支平衡很容易被打破，从而诱导地方政府以土地出让相关收入作为补充财政收入的重要来源。[①] 其次，政府对土地供给的影响能力以及土地供给变化对市场的实际影响程度的经验基本可以说明政府作为所有权人代表的行为逻辑。

理论界和实务界多数认为，1990年后在地方政府层面建立土地出让制度已经使土地使用权出让的市场成为较为充分竞争的市场，土地供给对市场本身的影响与土地私人所有权国家无异。参与房地产开发市场的企业也已经实现较为充分的竞争，尽管也存在一些巨型的国营或民营开发企业，但尚不至于在全国或者地方开发市场上形成垄断。

但是，无法否认房地产供给端的土地供给却是带有一定的垄断特性的。准确地说，土地供给的方式仍带有计划经济时代分配管理的性质。在影响市场充分竞争的要素上，还有许多由于计划管理模式导致的因素，例如一级市场的土地供给。

这种计划式的分配管理与诸多土地供给也相当匮乏国家的土地市场并不相同。在土地私有产权的国家，城市土地供给能力由于人口的密度，特别是城市实施严格的土地用途和城市规划制度，也会存在供给不足，从而

[①] 自2002年国有土地使用权出让实施"招、拍、挂"以来，我国的土地价格每年以8.9%的速度快速上涨，高地价给地方政府带来了可观的财政收入。资料表明，2001—2003年，土地出让金收入为9100亿元，约占同期地方财政收入的35%；2004年，全国土地出让金高达5894亿元，占地方财政收入的49.5%；2005年，国家开始紧缩"地根"，土地出让金收入为5505亿元；2006年为7677亿元；2007年高达1.2万亿元；2008年，尽管有近50%的土地出让以底价收场，有10%的土地流标，导致地方政府地价款收入有所下降，但仍获得了9000多亿元不菲的收入。参见汪利娜《我国土地财政的不可持续性》，《经济研究参考》2009年第42期。

影响房屋价格，[1]但是这种土地用途管理和城乡规划制度并不是计划配给的产物，而是城市中通过立法而形成的一种空间利用分配格局。而我国的地方人民政府规划部门作为最大的土地所有权人的代表的一个部门，其对城乡规划的影响本身就体现了土地所有权人代表的身份，与城市政府本应基于的公益保护立场是相混合的。[2]

土地供给的调控在地方政府层面也成为稳定住房价格的一种手段。从2005年《国务院办公厅关于切实稳定住房价格的通知》开始，"增加普通商品住房和经济适用住房等的土地供应"就成为政府调控住房市场供求关系的重要手段。其中，《国务院办公厅关于促进房地产市场健康发展的若干意见》提出，要科学合理地确定土地供应总量、结构、布局和时序，保证房地产开发用地供应的持续和稳定。《国务院办公厅关于继续做好房地产市场调控工作的通知》要求各地区要根据供需情况科学编制年度住房用地供应计划，保持合理、稳定的住房用地供应规模，并要求原则上2013年住房用地供应总量应不低于过去5年平均实际供应量，加大土地市场信息公开力度，市、县人民政府应于一季度公布年度住房用地供应计划，稳定土地市场预期。[3]尽管从经济学的角度，很难准确计算土地供应对住房价格形成的影响程度数值，但诸多实证研究表明，土地供应信息的公开对市场预期有着明显的作用，供应量的增加对调控房价也有着一定的作用。[4]

（二）房地产规制与宏观经济政策和产业政策紧密相关

我国2005年开始实施的一系列住房市场调控措施其主要出发点在于确保经济的稳定、实现住房的准公共性功能。因此，这些政策应属社会性

---

[1] Henry O. Pollakowski and Susan M. Wachter, "The Effects of Land-Use Constraints on Housing Prices", *Land Economics*, Vol. 66, No. 3, p. 315.

[2] 例如赵燕菁曾提出规划部门通过计划式的供给，来确保房地产市场的均衡。参见赵燕菁《城市规划与房地产监管》，《城市规划》2016年第2期。

[3] 例如，深圳市政府曾通过印发《深圳市2016年度城市建设与土地利用实施计划》，公布土地供应细节和精准数字，其中包括深圳全市计划供应建设用地、新增建设用地、存量建设用地、相关供应占总指标的比例等，来影响市场主体对供给的预期。

[4] 参见郑娟尔《基于Panel Data模型的土地供应量对房价的影响研究》，《中国土地科学》2009年第4期。

规制的领域。在信息不对称等经济性规制领域也采取了禁止捂盘惜售等措施。针对以上各种目的，政府采取了税收调控、限制交易、控制（增加或减少）土地供应（总量、结构和时序）、提高开发项目预售许可的标准、规制（或放松规制）银行对开发企业的贷款和住房按揭贷款等措施。

然而，进一步考察会发现，整个房地产规制政策和保障房政策中，基于市场失灵进行规制的情形只是房地产调控措施的表面现象，主要的目的和手段，实际上是政府将房地产业作为其计划管制性经济所采取的对供给、需求的调控，根本是为了国家整体的投资、就业以及与房地产业相关联的金融业等整个国民经济的发展。例如，通过对开发企业的贷款和自有资金的审核规制房地产市场的供给、提高购房贷款首付和贷款利率规制需求，一般认为是为了避免金融杠杆对市场的影响，并防止周期性经济危机的产生。但是，恰恰这些限制措施所针对的对象就是国家激励房地产业投资所带来的结果。我国房改从实施之初就在某种程度上担负了拉动经济增长的功能。"房地产是国民经济的支柱产业"被地方政府推至极致并演变成畸形的增长模式。地方政府热衷于出让土地，包括农地征用用于大规模的房地产开发建设。依靠房地产投资来带动当地经济发展，并通过土地收益、房地产税费来直接填充地方财政。房价上涨在短期对我国经济增长的拉动作用十分明显，在房价过快上涨势头得到控制时，经济增速也会受到抑制。从行政规制法的角度考察我国的住房政策时，必须认识到面对的并不仅仅是规制立法时的法律难题，例如中立性、专业性、裁量权问题，而是具有我国独特之处的"宏观调控"与法治的问题。

二 制度出路

针对上文提出的我国房地产市场规制的两个特征，行政规制法律制度应进行相应的完善。我国的房地产市场行政规制法律制度应满足公平、有效率（成本和收益）、可预期（安定性）等多重价值的要求，而不应沦为不受法治约束、应急短效、规制目的过于宽泛的行政政策。

（一）谁来约束规制者

从上文可知，房地产市场中的规制者与被规制者之一（土地所有权的代表）重合。这引发规制法律制度中第一个难题，如何约束规制者，才能确保规制制度的中立？

根据宪法对全国人大及其常委会以及国务院的职权规定、立法法对立法保留和授权事项的规定，以及宪法对地方人大和地方政府职权的规定，除了法律保留事项以外，国务院和地方人民政府有权依据对经济的管理，规制或调控房地产市场。宪法和组织法都未明言房地产市场的规制和调控在中央和地方的事权区分，从实践中看，尽管土地出让的供给、城乡规划的编制，主要是地方政府的职权事项，然而就房地产市场调控而言，从2005年迄今的调控政策来看，地方政府少有主动制定并启动调控措施的动力，主要方式是由国务院相关部门和国务院制定相关措施，地方结合实际情况进行具体化。2015年这一机制发生过一次调整，国务院根据不同城市房地产市场情况的差别化，提出由地方政府"因城施策"，地方政府拥有了较多政策决定的空间。

可见，现今约束地方人民政府房地产市场规制行为的主要是中央人民政府。对于地方人民政府作为规制者与被规制者身份上的重合这一问题，制度上只有期待中央人民政府的干预，通过制定统一的政策或行政负责人的问责制来约束地方人民政府。

然而，问题是作为规制者本身，其又由谁来约束呢？而且不同城市住房市场供求关系差异巨大，统一的政策会带来巨大弊病。进一步而言，这种约束机制完全不具有可预测性，其启动与否、采取何种手段规制、要达到何种目的，没有规范依据，不可预期。

毋庸置疑，房地产规制应是地方事务，从长期来看，不应过于依赖于中央人民政府对地方的命令和问责来约束地方人民政府及其房地产管理部门的规制，而应建立地方本身的约束机制，其中打破规制者与被规制者身份的重合，例如通过房产税征收改变土地财政的机制，应首先予以考虑。

（二）规制机关的独立性

很多国家在规制领域，为了确保规制政策的独立性，在其职权来源、负责人的产生机制和任职年限、决策的机制上都设计了诸多不同于一般行政机关的、保障其独立性的制度，例如美国的独立规制机构制度。这种保障独立性的制度有利有弊。有利之处在于可以确保规制机关的专业性、独立性，不被政治部门所影响。而其弊端在于规制机关本身会失灵，从而导致规制失败的结果。

规制理论通常认为，立法上存在明确的立法目的，同时赋予规制机关充分的裁量权，行政决定过程配套者一整套制度结构，例如司法审查和公众参与，那么，只要其所施行的政策和实践能够促进"全体公民的福利"，该制度设计就是合理的。① 这种理论认识后来受到规制俘获和公共选择等理论的挑战。美国就应对与此改革规制结构，允许总统行使更大的监管职能，以有利于规制政策的协调，并且可以促进民主问责。②

我国的房地产规制政策的多数目标已经超越该产业本身的范围，而更多关注该产业所影响的宏观经济，其手段也超越价格规制、信息规制、从业资格规制以及交易机制规制等本产业以内的规制手段，而需要税务、金融等行政机关的配合，因此，房地产管理部门不应也无法作为独立的规制机关存在。其所做出的规制政策本身范围有限，往往需要和财政、税收等多部门协调共同做出决定，并且由国务院或地方人民政府确认发布。

这种不独立性具有一定的合理性，因为正如上文所述，这是由其职权范围和能力所决定的。并且，多部门协调以及最终由国务院和地方人民政府认可后向外公布（转发），也是确保其政策不偏倚开发商、建设企业及其部门利益的一种制度保障。但是，基于宏观经济的考量而替代微观产业的规制做出决定，本质上会影响微观产业规制的效果。正如余晖所认为的那样，政府的经济职能有"宏观调控""微观监管"和"微观管理"三大类，许多宏观调控政策同时拥有微观监管的功能，而微观监管机构往往要配合政府产业竞争政策和产业结构调整政策，当微观监管机构缺乏独立性时，而宏观产业政策又偏向维护不合理产业时，竞争性的市场结构就长期难以形成。③ 并且，出于经济稳定考虑而规制产业的手段也仅仅针对的是因需求的周期性变动而引发的问题，应严格区别于

---

① ［英］安东尼奥格斯：《规制：法律形式与经济学理论》，骆梅英译，中国人民大学出版社 2008 年版，第 56 页。

② 参见凯斯·R.森斯坦《规制是如何失灵的？》，钟瑞华译，傅蔚冈、宋华琳主编《规制研究》第1辑，格致出版社、上海人民出版社2008年版，第222—223页。

③ 参见余晖《管制与自律》，浙江大学出版社 2008 年版，第 50—51 页。

因经济或产业的结构性变化而引发的问题。否则，可能对产业规制带来负面的效果。

(三) 稳定的规制框架与灵活的裁量

为了促进一个"理性的"经济性规制，首要的是建立更为一贯适用的制度框架。尽管对于规制者而言，需要在诸多决策时保留广泛的裁量权，以使规制机关及时应对各种情况，并可使他们独立于政治影响，但裁量权行使的一般原则仍应当被纳入立法。[1]

房地产市场变化以及其所波及的宏观经济有着其自身的发展规律，这一规律正在不断被经济学这门科学去发现。但毫无疑问，由于其房地产投资、开发以及消费涉及金融和消费领域的各种心理预期与行为选择，甚至涉及整个国家乃至国际经济形势的变化，因此，无论采取何种手段调整市场的供需结构，都需要赋予行政（规制）机关及时面对各种特殊情况、相机性地做出决策的灵活裁量机制。

但这种灵活的裁量机制并不意味着房地产市场的规制和调控不需要一个稳定的规制框架。规制和调控手段中的限购、税收调整、限制价格等都涉及宪法上财产权的保护，而住房价格的可负担性也涉及宪法上的社会权利，因此，规制手段中涉及这些基本权利的事项，必然将受到相关法律原则和法律根据的约束。此外，一个稳定的规制框架更重要的作用，是稳定市场参与主体的预期，从而使规制的手段更有效。

(四) 可负担住房（affordable housing）[2] 权利在权衡中的地位

在对规制失灵的讨论中，孙斯坦曾提出，美国 20 世纪六七十年代的规制法常常对成本漠不关心，其理论基础是不应该给生命和健康贴上价格标签，他们是"不能剥夺的权利"。他认为这种规制成本高到一定程度，就会威胁整个经济，加剧失业和贫困，最终危及生命和健康。任何方案都需要权衡，而将规制利益视为不可权衡的权利，将会给规制方案带来反面

---

[1] 参见［英］安东尼奥格斯《规制：法律形式与经济学理论》，骆梅英译，中国人民大学出版社 2008 年版，第 347 页。

[2] 美国 1949 年颁布的《住房法》提出的住房目标为："让每一个家庭都能生活在宜居环境中的体面住房之中。"可负担住房指的是一种非市场化住房，被广泛接受的定义是，若满足规定标准的住房其月支出不超过住户收入的 30%，那么这个住房就是可负担住房。这一概念也被很多国家的住房政策所接受。

的结果。①

　　住房一般被认为与其他的商品一样是由市场机制供给的物品，但即使在先进的资本主义国家，完全由市场机制决定住房供给的情况也不存在。住房作为人类生活的基本条件之一，是个人享有政治权利乃至职业选择等基本自由的前提。许多国家的宪法上将住房保障作为公民的一项基本人权。②在国际法层面，《经济、社会和文化权利国际公约》第11条第1款明确规定住宅的获得与食物、衣着一样作为基本人权受到国家的保障。③这种宪法上的人权一般通过具体的法律加以规定。即使在宪法上没有规定住房权的国家，中低收入人群的可负担住房获得权也是地方政府立法机关和竞选的市长最重要的立法和施政目标。

　　我国的房地产调控政策承认中低收入人群住房保障的必要性，但在具体决策时，却并不一定总是将其放在首要保护的地位上。《国务院办公厅关于促进房地产市场平稳健康发展的通知》提出的"实现保增长、扩内需、惠民生"的目标准确地体现了调控政策背后的权衡活动，行政机关一方面要考虑维持住房产业的繁荣，拉动经济增长、保持内需；另一方面要避免住房市场过度膨胀给公民居住生活带来的侵害，进行适当的干预，在保障的同时还寄希望于保障房建设也能拉动产业的发展。中低收入人群的诉求在权衡过程中难以有充分的代表来进行主张。

　　笔者曾提出，在代表缺位的情况下，应该在制度上通过《城市居民最低生活条例》中"基本生活""基本住房需要"的概念，确立国家最低限度的保障义务。④此外，从住房支出占收入的比例出发确立可负担住房的范围，建立可负担住房权利保护的制度，以此约束住房市场的规制和调

---

①　参见［美］凯斯·R.森斯坦《规制是如何失灵的？》，钟瑞华译，傅蔚冈、宋华琳主编《规制研究》第1辑，格致出版社、上海人民出版社2008年版，第203页。

②　对于具体国家的列举可以参见 "United Nations Housing Rights Program Report No.1", *Housing Rights Legislation*, Nairobi, 2002, p. 37。

③　《欧洲人权公约》虽然没有规定住宅权，但欧洲委员会和人权法院在众多判例中，根据《欧洲人权公约》第8条（隐私和家庭生活权）和第1议定书第1条（和平享有对居室的占有）都论及住宅权问题。参见［挪威］艾德等《经济、社会和文化的权利》，黄列译，中国社会科学出版社2003年版，第176—179页。

④　参见凌维慈《论国家住房保障义务的构成》，《华东师范大学学报》2013年第5期。

控措施的权衡过程，应是提高住房权利在房地产市场规制或调控制度中权衡地位的途径之一。

综上所述，我国房地产市场的国家干预体现了微观产业规制服从于宏观经济调控的特点，也体现了国家主导经济发展在行政规制结构上的表现，而房地产市场的国家干预措施大量使用"调控"这一字眼而不是"规制"，也正是对这一特点的形象注脚。

从而，当学界运用规制理论探讨我国具体领域行政规制行为时，必须首先充分认识某一产业的具体特色，特别是在这一产业中国家所担当的主导经济活动的角色和作用，才能进一步分析此规制措施的合理性和合法性。

第三章 保障房政策与给付行政[①]

第一节 保障房政策的内容与法治难题

一 主要内容

在对市场主体交易行为进行行政规制以外，政府还通过积极提供保障性住房来实现民生保障的目标。政府向公民积极提供保障性住房是一种行政给付行为。这种给付性的住房政策在法律效果上表现为公民获得了国家给予的利益。住房政策领域的给付主要是各类针对不同收入群体的保障房：廉租房、经济适用房、公共租赁房以及其他中低价位、中小套型普通住房的供应保障（双限房、自住房）。具体而言，国家或地方政府主要通过财政投入保障房建设、减免保障房建设的土地出让金及各项税费、向中低收入人群出售或出租保障房、直接向低收入住房困难户支付廉租补贴、赋予集体建设土地新的规划用途，[②]以及财政直接对购房人进行补贴等方式予以给付。[③]

保障性住房是与商品性住房相对应的一个概念。早在1995年的《国家安居工程实施方案》中提出的安居工程住房就是直接以成本价向中低收

[①] 本章内容曾以"住房政策的任务分化与法律控制"为题，发表于《法商研究》2019年第2期。

[②] 国土资源部住房和城乡建设部制定《利用集体建设用地建设租赁住房试点方案》，提出试点城市可允许集体建设用地建设租赁住房。

[③] 各地方政府推出的人才购房补贴以及去库存的城市对普通购房者提供的购房补贴都是此种类型。尽管这些购房补贴是否满足实现保障中低收入人群住房权利的目的存在争议，但从结果上都表现为是授予购房人的一项利益。

入家庭出售的一种保障房类型。1998年国务院出台《国务院关于进一步深化城镇住房制度改革加快住房建设的通知》后，明确提出建立以经济适用住房为主的多层次城镇住房供应体系。然而，由于土地出让收入对地方财政的重要性，以及国家对房地产业的推动，经济适用住房投资明显不足。直到2007年国务院出台《国务院关于解决城市低收入家庭住房困难的若干意见》，提出了住房保障制度的目标和基本框架，确立了中央对地方建设保障房数量的考核机制，并且中央财政层面开始向地方拨付保障房建设资金，我国的保障房制度得以飞速地建立和发展起来。2007年建设部、国家发改委、财政部、国土资源部等七部门联合发布了《经济适用住房管理办法》，一改经济适用住房制度实施10年来的"政策性商品房"属性，转向具有保障性质的政策性住房。2010年住房和城乡建设部等七部门联合制定《关于加快发展公共租赁住房的指导意见》，在产权式保障房以外建立了针对中低收入群体的租赁式保障房。

根据2008年至2014年度的中央财政预算，中央政府在住房保障方面的支出递增迅速，2008年支出181.9亿元，2009年为979.32亿元，2010年为1125.73亿元，2011年为1720.63亿元，2012年为2601.57亿元，2013年为2320.94亿元，2014年为2528.69亿元。[①] 中央政府与地方政府签订目标责任书来确保地方对保障房的投入。而地方层面的投入不仅来自财政资金的直接投入，更多的来自地方政府举债、转移性支付、土地出让金免除。

在财政资金来源方面，《经济适用住房管理办法》规定，经济适用住房建设用地以行政划拨方式供应，纳入当地年度土地供应计划，在申报年度用地指标时单独列出，确保优先供应。在此基础上，各地政府对经济适用房项目免收城市基础设施配套费等各种行政事业性收费和政府性基金，项目外的基础设施建设费用，由政府负担。而且在建的经济适用房项目可作抵押向商业银行申请住房开发贷款，以利于缩短项目开发周期，增加供应量。面对城镇最低收入的廉租房，则由中央和地方人民政府出资建设或持有。公共租赁住房则是通过新建、改建、收购、长期租赁等多种方式筹

[①] 参见2008年至2014年全国人民代表大会审议的《上年度中央预算执行情况与本年度预算草案的报告》。

集，可以由政府投资，也可以由政府提供政策支持、社会力量投资。

在价格核定方面，《经济适用住房管理规定》第20条规定，确定经济适用住房的价格应当以保本微利为原则。其销售基准价格及浮动幅度，由有定价权的价格主管部门会同经济适用住房主管部门，依据经济适用住房价格管理的有关规定，在综合考虑建设、管理成本和利润的基础上确定并向社会公布。房地产开发企业实施的经济适用住房项目利润率按不高于3%核定；市、县人民政府直接组织建设的经济适用住房只能按成本价销售，不得有利润。

廉租住房租金标准实行政府定价，原则上按照维修费和管理费两项因素确定，以后随着最低收入家庭收入水平的提高而适当提高。公共租赁住房的租金价格则由市、县级人民政府住房保障主管部门会同有关部门，按照略低于同地段住房市场租金水平的原则，确定本地区的公共租赁住房租金标准，报本级人民政府批准后实施。

在准入和退出机制方面，经济适用住房供应实行申请、审核、公示和轮候制度，购房人拥有有限产权。购买经济适用住房不满5年，不得直接上市交易，购房人因特殊原因确需转让经济适用住房的，由政府按照原价格并考虑折旧和物价水平等因素进行回购。购买经济适用住房满5年，购房人上市转让经济适用住房的，应按照届时同地段普通商品住房与经济适用住房差价的一定比例向政府交纳土地收益等相关价款，具体交纳比例由市、县人民政府确定，政府可优先回购；购房人也可以按照政府所定的标准向政府交纳土地收益等相关价款后，取得完全产权。

上海和北京等地将有限产权规定为共有产权。从产权归属上遏制和杜绝利用经济适用房牟利的行为。《经济适用住房管理办法》规定经济适用住房购房人拥有"有限产权"，不再是此前的完全产权。《上海市共有产权保障住房管理办法》规定，共有产权保障住房的购房人和政府的产权份额应当在购房合同、供后房屋使用管理协议中明确。购房人产权份额，参照共有产权保障住房所在项目的销售基准价格占相邻地段、相近品质商品住房价格的比例，予以合理折让后确定；政府产权份额，由区（县）住房保障实施机构持有。

廉租住房的租赁实行申请、审批制度。已登记者按照住房困难程度和登记顺序等条件，经综合平衡后轮候配租。承租廉租住房的家庭，不得将承租的廉租住房转租。当家庭收入超过当年最低收入标准时，应当及时报告房地产行政主管部门，并按期腾退已承租的廉租住房。

公共租赁住房的转借、转租或者擅自调换要承担退回公共租赁住房的法律后果。续租则需要重新审核条件，不符合续租条件的，应当腾退公共租赁住房。

保障房建设一般采取委托代建或配建模式。委托代建模式中，土地由政府划拨，委托开发商进行建设，资金由政府筹措，最后支付开发商1%左右的委托费。公租房和廉租房建设比较适合此模式，但这种模式要求政府提供初始建设资金，适合财力比较雄厚且地方政府比较强势的地区。委托代建模式，政府损失（或者潜在损失）的是土地出让收入、建设过程中发生的税费以及政府的自有资金。在项目启动后，政府通过银行贷款、保险资金、社保基金等机构投资者来融资，将来可以通过REITs发售回笼资金，到项目建成后，用稳定的住房及商铺出租收入来偿还融资。委托代理模式中，委托方多为财力雄厚或者融资能力很强的地方政府（或者地方政府融资平台），而受托方多为国有开发商或建筑商，特别是地方国有企业。

配建模式中，土地出让环节在商品房土地中搭配一部分保障性住房土地，最后由购买土地的开发商负责建设。政府只需要出让潜在的一部分土地出让金收入，通过变相地价的方式将保障房建设的任务转移给开发商，实际上承担这部分保障房建设资金的是地块商品房部分的购买者。经适房和限价房早期较多采用配建模式，而随着廉租房和公租房逐渐成为保障房的主体，后两类保障房类型开始更多地出现在各地配建模式中。如果配建部分是经适房或限价房，一般来说定向销售居多，如果配建的是廉租房或公租房，则由政府旗下的保障房建设平台公司购买。

二　保障房给付的法律控制难题

如前所述，伴随着给付行政的兴起，形式法治的要求开始发生变化，严格控制行政权的模式有所松动，依法行政原则不再完全适用，概括的授权立法甚至行政职权立法广泛存在。同时，福利的财政分配属性使得消极的司法权难以审查给付政策，行政机关也拥有了更宽泛的裁量权。①

我国保障房基本制度的规范制定正体现了无法律保留的政策裁量模式。保障房基本制度主要由3部规章构成：《城镇经济适用住房建设管理办法》《城镇最低收入家庭廉租住房管理办法》和《公共租赁住房管理办法》。在没有法律根据的前提下，这3部规章的制定依据也主要是国务院的文件，如2007年原建设部《国务院关于解决城市低收入家庭住房困难的若干意见》。在地方层面，也多是由地方政府或建设部门制定相关文件进行具体规定，例如上海市政府发布的《上海市经济适用住房管理试行办法》。唯有深圳市人大常委会制定《深圳市保障性住房条例》，以地方性法规的形式对住房保障制度进行了总体性规定，并明确授权给行政机关具体的执行权限。

然而，当国家使用来自全体纳税人的税收收入来保障部分人群的福利时，政策制定若不受法律控制则会带来分配不公与财政资金利用效率低下的问题。保障房建设的国家资金来自国家无偿提供的土地使用权、税收优惠和直接的财政资金资助。这部分投入如何分配给不同的人群，其决策程序欠缺外部监督。当这种给付带有经济再分配功能时，如产权式的经济适用房在很大程度上有助于提高购房人的家庭资产，就很难保障分配的公正性。各地住房政策中对最低收入住房困难群体的廉租住房投入不足，却对产权式的经济适用房以及各类人才公寓投入颇丰，就是表现之一。这种分配不公也体现了国家财政资金利用效率的低下，即部分人因此低价拥有了财产，而真正需要国家保障的对象却并未得到给付，从而与"精准"保障背道而驰。

因此，给付行政无须法律保留并不意味着行政机关在形成给付的政策时不需要外部法律机制的约束，只是其不体现为传统干预行政的法律保留模式，而是应当转变为以预算约束、行政内部监督以及基本权利约束来实现。②

---

① 参见［日］村上武则『给付行政の理论』，有信堂，2002年版，第138页。
② 有的国家在判例中还形成了禁止过剩给付的原则，来控制行政机关不公正的给付分配。参见须藤阳子『比例原则の现代的意义と机能』，日本法律文化社2010年版，第222页。

第二节 法律保留原则的适用

一 法律保留原则适用的空间

在无法律保留的情况下,立法机关的预算审议与决定是约束行政机关执行的重要机制。国家通过预算的执行达成政策目标,公民及其代表则通过预算的审议对政府的执行进行监督和统制。[①] 具体而言,保障房的供应范围、供应对象、准入标准由地方政府住房保障部门根据每年度供应总量等情形制定专门的准入标准文件来决定,但决定供应总量的资金和土地投入则要受到立法机关预算程序的约束。我国预算约束保障房资金投入的情况可从以下三个方面考察。

第一,中央住房保障支出的预算具体性不足,审议过程不够充分。《中华人民共和国预算法》(以下简称《预算法》)第 20 条规定,全国人大及其常委会对预算、预算执行、决算、预算调整进行审查批准。但在预算编制中,一般预算收支科目中并未具体到项(类、款、项、目)。2007—2014 年,有关住房保障的预算中本级支出和转移支出都只区分保障性安居工程支出和住房改革支出两大款。2014 年后开始增加一些具体的项,开始区分保障性安居工程、廉租住房、棚户区改造、少数民族地区游牧民定居工程 、农村危房改造、公共租赁住房等,但仍过于宽泛,不利于严格的审查。此外,预算的审议不够充分,一年两次政府报告预算执行情况只提前一个月提交预算和决算草案,除全国人大财政经济委员会外,难以期待人大代表或其他委员会委员具备充分监督所需的专业知识和时间准备。

第二,地方层面保障房支出类型多样,其中只有少数受到预算约束。地方层面的保障房资金除了财政支出(包括中央的专项财政转移支付)以

---

① 参见蔡茂寅《预算法之原理》,台北元照出版有限公司 2008 年版,第 2 页。

外，大量以政府性基金（土地出让收入）①投入住房保障。公积金增值受益、地方政府债、投融资平台、地方银行贷款也是投入保障性住房的重要资金来源。②地方政府投入保障房的政府性基金受到本级预算的约束。然而，保障房建设用地免除的出让金，却不受预算约束。免除出让金的保障房用地范围由国土与城乡规划管理部门决定，不受立法机关的约束。地方政府债根据《预算法》第35条第2款的规定，只有"经国务院批准的省、自治区、直辖市的预算中必需的建设投资的部分资金，可以在国务院确定的限额内，通过发行地方政府债券举借债务的方式筹措"。举借债务的规模，需先经全国人大或常委会批准，并列入地方本级预算调整方案，再由本级人大常委会批准。然而，地方投融资平台、地方银行贷款则不受地方立法机关的控制，而是由审计机关进行事后监督。

第三，尽管不同类型的保障房均在不同程度上受到预算约束，但总体作用有限。在廉租房方面，虽然国务院2007年发布的《国务院关于解决城市低收入家庭住房困难的若干意见》要求地方财政将廉租住房保障资金纳入年度预算安排、住房公积金增值收益在提取贷款风险准备金和管理费用之后全部用于廉租住房建设、土地出让净收益用于廉租住房保障资金的比例不得低于10%，但是以上海市为例，公共财政支出中并未明列廉租房支出，土地出让金收益支出中用于廉租房的部分也不在预算报告中明列，而是与公租房等共同作为保障性安居工程资金。③因此，难以在预算审议中明确所有廉租房对象是否应保尽保。上海市的廉租房准入标准随着财政投入的增加逐步降低，但在资金投入决定准入标准的逻辑上，预算控制作用不足，市、县廉租住房资金投入完全取决于地方政府对投入数额的决定。在公共租赁房方面，尽管中央预算和地方公共财政预算都有专项资金列明，

---

① 国有土地使用权出让收入（以下简称土地出让收入）是指政府以出让等方式配置国有土地使用权取得的全部土地价款（包括受让人支付的征地和拆迁补偿费用、土地前期开发费用和土地出让收益等）。

② 例如，《上海市人民政府办公厅关于进一步加强本市保障性安居工程建设和管理的意见》等文件规定了资金来源，除财政支出、土地出让金外，公积金增值受益、地方政府债、投融资平台、地方银行贷款也是投入保障性住房的重要资金来源。

③ 参见2013年上海市人民代表大会通过的《关于上海市2012年预算执行情况和2013年预算草案的报告》以及上海市财政局公布的《上海市2013年市本级政府性基金支出预算表》。

但这些资金并不主要用于建设投入，而是作为行政管理经费。公租房的建设和供给数量更多由房地产开发企业取得贷款（如公积金的贷款）和土地出让金的免除来决定，因此准入标准受预算专项资金影响不大；而且从各地方公租房准入标准来看，基本没有收入和家庭资产的限制。在经济适用房、自住房、限价房方面，预算资金投入不多，也未在预算中列明。地方政府债、地方投融资平台提供的前期资金也仅仅是为了项目的开发建设融资，建成后则通过出售产权得以偿付。因此，经济适用房等产权式保障房更多是通过政府免除土地出让金来获得资助，而免除多少则要由地方政府国土与城乡规划部门通过城乡规划来决定。

实际上，即使由立法机关对预算类、款、项进行审查批准，往往也只是形式上的。因为预算草案一般由行政机关做出，[①]立法机关的实质审查十分有限。由此可见，保障房给付领域在我国基本属于地方政府政策裁量的范围。赋予给付性政策充分的裁量，其合理之处在于，一方面，能够使福利受给人及时获得国家的帮助，而不至于因为需要通过漫长的立法程序而导致救助迟滞；另一方面，财政资金的分配往往具有高度政策性，行政机关相较立法机关更具专业性。但是，这种充分的政策裁量也会产生一些弊端，如行政不作为以及分配不公的问题。

二 行政责任的机制

政治问责等行政责任制度也是控制给付行政政策裁量的重要方式。[②]在预算约束不足的情况下，中央政府还会通过行政内部监督来约束地方政府对保障房的资金投入。这种监督主要表现为两种形式。

第一，中央政府通过行政命令或目标责任书来监督地方的保障房资金投入和建设。2007年《国务院关于解决城市低收入家庭住房困难的若干意见》规定，地方政府土地出让金净收益用于廉租住房保障资金的比例不得低于10%。国务院在规范性文件中直接规定地方政府土地出让金支出的

[①] 例如，从《关于切实落实保障性安居工程资金 加快预算执行进度的通知》中可以清楚地看到，有关住房保障支出的分类、数额都是由国务院提出的。

[②] 参见杨建顺《论给付行政裁量的规制完善》，《哈尔滨工业大学学报》（社会科学版）2014年第5期。

最低标准，以使最低生活保障水平的住房困难群体能够应保尽保，实现政府最低限度的保障义务。中央政府还与各地方人民政府签订目标责任书来监督地方的保障房供给。目标责任书通常配以行政内部上下级之间的年底考核和问责制度，以此来监督地方政府履职。①

第二，中央政府通过城乡规划指标来监督地方保障房的土地使用权的投入。保障房供给中的公共投入，除中央和地方财政资金外，还包括各地方政府国土管理部门无偿供给的土地使用权。而保障房用地投入的数量主要由城乡规划的强制性指标和土地供应年度计划目标决定。2006年《国务院办公厅转发建设部等部门关于调整住房供应结构稳定住房价格意见的通知》要求套型建筑面积90平方米以下住房（含经济适用房）面积所占比重必须达到开发建设面积的70%以上，原建设部据此在《关于落实新建住房结构比例要求的若干意见》中规定了住宅建筑套密度和住宅面积净密度两项强制性指标来落实国务院要求的土地供给比例。此外，每年中央政府与地方政府签订的关于保障房建设的目标责任书还会分配具体的年度建设数量目标，这一目标也会反映在地方政府土地供应计划的供给数量中，并配套专门的监督机制。例如，地方政府需坚决执行当年保障房供地计划，向国土资源部上报每年度土地供应计划。地方国土督察局发现地方政府保障房供地未达到开发建设面积的70%，可责令其改正，整改仍达不到效果的，经过国土总督察批准可以发出《限期整改的通知书》，并采取暂停受理农用地转用审批，建设用地审批等措施。②

上述中央政府对地方政府的行政内部监督机制显然与我国的分税制度密切相关。地方政府基于财政收入和支出的考量，没有充足的动力供给保障房，尤其是保障房土地使用权的无偿出让将会使地方政府损失大量政府性基金收入。因此，中央人民政府唯有通过行政内部监督机制加以控制。但是，保障房供给本质上属于地方事务，其保障范围和程度根据地方财政

---

① 参见《地方政府2010年住房保障工作目标责任书正式签订》（http://www.gov.cn/jrzg/2010-05/19/content_1609543.htm，2018-11-29）。

② 参见《国务院办公厅关于建立国家土地督察制度有关问题的通知》中规定的国家土地督察局在监督检查中发现问题的处理方式。

能力差异而有所不同。[①]故除了行政内部监督以外，仍不可忽视地方政府对当地居民承担的行政责任和人大对地方保障房支出的财政监督。土地出让收入作为地方公共事务的主要支出来源，也应同税收一样接受人大审议，而不应仅由地方政府及其国土资源部门来决定。

第三节　基本权利的约束

除预算约束和行政内部监督以外，宪法上的社会权也能发挥对住房政策的控制作用，促使政策制定者对财政能力（纳税人的利益）以及保障目的（保障的紧迫性）综合加以考虑，提高财政资金的效率与精准度。

一　最低保障的羁束义务

通过确立最低保障的羁束性义务来约束行政机关对财政资金的分配。最低限度的给付义务不存在裁量的空间，在财政投入（包括土地使用权供给）上形成羁束性的法律义务。具体而言，廉租住房制度是以最低收入人群为保障对象，应与最低生活保障一样作为一项羁束性的法律义务乃至宪法义务由国家承担。因为，"立法已经确认低于最低生活保障标准（基本生活标准）的城市居民均有权获得国家的保障，那么低于基本生活中住房标准的城市居民也应均有权获得国家廉租住房的补助。并且，无论是《经济、社会和文化权利国际公约》还是各国的宪法都承认国家应对公民的最低限度基本生活进行保障，对这种国家的作用和功能达成了共识，其中当

[①] 例如，上海市通过规范性文件的制定多次扩大经济适用房申请资格，其中人均可支配收入和财产的标准要件不断被降低。经济适用房准入标准2009年为人均可支配收入27600元，人均财产70000元，2010年提高到人均可支配收入34800元，人均财产9万元，2011年又提高到人均可支配收入39800元，人均财产12万元。参见《上海市试点区域城镇居民家庭申请购买经济适用住房准入标准和供应标准（暂行）》《上海市2010年经济适用住房准入标准和供应标准》以及《上海市2011年经济适用住房准入标准和供应标准》。

然地包含了基本生活中的居住保障"。①

二 分享权

赋予公民"分享权"来促使有关保障对象和范围的决策结果更公正。②在给付政策的形成过程中，受益人一般不具有给付政策的请求权，"在社会发展方面，除了基本性保障措施以外，政府提供的普遍性社会保障和普遍性公共服务对于受益人来说，大部分都是反射利益而很少构成受益人的主观权利，所以政府行使发展权引起的社会关系，大体上都属于客观法的调整范围。"③这就意味着，受益人的主张在政策制定过程中并不享有制度上的保障，其受益往往只是作为政策目的实现过程中的一个考虑因素，保障与否是政策通盘考虑的结果。然而，有德国学者基于宪法上的自由权特别是平等权，强调赋予受益人分享权（Tailhaberecht），主张实体法上的给付请求权若无视国家的经济和财政界限，将沦为空谈，但却可以在制度上保障个人在社会权实现过程中的参与权，即通过参与制度的设计实现受益。这种理论也在日本宪法法院的判决中得到肯认。④尽管我国宪法条款中很难解释出"分享权"来保障公平的分配，但其内涵可以成为给付政策制定程序中潜在受益人程序参与权的理论基础。例如，在保障房准入标准的制定中，"分享权"的理论要求制定程序更多听取代表性弱的群体的意见，以确保最终分配的公平性。

三 平等权

《宪法》第33条规定，中华人民共和国公民在法律面前一律平等。宪法上的平等保护并不排除立法和行政对其适用对象实行合理的归类。重

---

① 凌维慈：《论国家住房保障义务的构成》，《华东师范大学学报》（哲学社会科学版）2013年第5期。

② "分享权"译自德文"Tailhaberecht"一词，参见李忠夏《大学招生案》，张翔主编《德国宪法案例选释（第1辑）：基本权利总论》，法律出版社2012年版，第95页。

③ 于安：《论协调发展导向型行政法》，《国家行政学院学报》2010年第1期。

④ ［日］村上武则：『给付行政の理论』，有信堂，2002年版，第294—295页。另参见沈政雄《社会保障给付之行政法学分析——给付行政法论之再开发》，台北元照出版有限公司2011年版，第52页。

要的是如何判断什么是合理的归类，什么是不合理的归类。保障房的准入制度，是为了解决在政府提供住房资源和财政承受能力有限的前提下，哪些困难群体可以获得政府的物质帮助，其他群体则需通过市场或自身能力解决住房需要。

所谓平等原则是通过合理的差别对待来实现实质平等。国家有限资源的分配属于高度政策性的课题，应该由立法者考量国家的经济及财政状况，根据资源有效利用的原则，在公民之间进行妥善的分配。但立法者不应恣意地决定受益人的范围和条件，不得以受益人的特定职位或身份来进行区别对待，应当考虑给付与受益人的基本需求相当。因此立法者必须对差别对待的理由进行充分的说理。

我国保障房制度对于受保障的对象范围、申请审核的前提条件与流程等做出了相应的规定。《廉租住房保障办法》将廉租住房的保障对象限定于"城市低收入住房困难家庭"，具体标准授权市县人民政府制定。《公共租赁住房管理办法》则规定，公共租赁住房的保障对象是"符合规定条件的城镇中等偏下收入住房困难家庭、新就业无房职工和在城镇稳定就业的外来务工人员"，除收入、财产条件和住房状况外，对于申请人为外来务工人员的情形，要求其"在本地稳定就业达到规定年限"。而《经济适用住房管理办法》也明确了经济适用住房的保障对象为"城市低收入住房困难家庭"，但与廉租房的供应方式不同，采用共有产权形式。具体的准入条件的设定权被授予了地方人民政府。

然而，地方人民政府在引进人才住房保障政策和保障房户籍条件规定中存在着违反平等原则的可能性。

首先，在户籍条件方面，以上海市为例，申请廉租住房的家庭必须"具有本市城镇常住户口满3年，且具有申请所在地城镇常住户口满1年"。而公共租赁住房的申请对象则必须"具有本市常住户口"或"持有《上海市居住证》或《上海市临时居住证》"，并且还需满足一定年限和就业要求；申请经济适用住房的家庭必须"具有本市城镇常住户口连续满3年，且在提出申请所在地的城镇常住户口连续满2年"。对比其他城市，北京和天津等地也都要求申请住房保障的家庭居民具有本地城镇户口达一定年限，部分地方则规定保障性住房的申请家庭至少有一人为本地常住户籍居民。若要求城镇政府向所辖区全体居民提供住房保障资源，不仅可能会导致资源供给时的重复分配，同时也会超越地方政府财政可能承受的能力范围。在住房保障领域，以户籍区分保障对象的申请资格在性质上属于区别对待行为，但如前章所述，区别对待行为并不一定构成对平等保护的违反。合理的理由是有限的地方财政。以地方行政权为主导建立住房保障制度，必须考虑地方财政在保障能力上的局限性。此外，公共服务对人口导向的磁吸力作用也必须进行考虑。

其次，引进人才住房保障政策对住房保障的政策目的的正当性以及平等原则都提出了挑战。各地方政府为了发展本地方经济通过提供人才住房吸引高水平人口。无论是北京、上海、深圳这样的一线城市，还是南京、西安、武汉这些二线甚至三线城市都出台了大量人才住房政策。例如《南京市人才安居办法（试行）》认定A、B、C类人才，不同等级人才享受不同住房保障。其中，A类人才实行"一人一策、一事一议"，原则上可在本市选择申购不低于200平方米共有产权房、免费租赁200平方米人才公寓、申领不少于300万元购房补贴中的一种安居方式；B、C类人才可分别申请150平方米、120平方米的共有产权房或人才公寓，也可申领每月7500元、6000元的租赁补贴。成都市出台了《关于创新要素供给培育产业生态提升国家中心城市产业能级的人才安居工程的实施细则》，对符合《成都市急需紧缺人才和高端人才目录》的人才在11城区内租赁、购买住房，提供政策支持。

此类住房保障的申领条件已经超出保障中低收入人群住房困难的政策目标。财政资金在人才住房保障上的使用不是基于福利的考虑，而是基于经济发展的考量。从平等原则的角度来看，当城市中的低收入住房困难群体的住房尚未充分保障，而高水平人才却能获得充分的住房补贴，的确存在着不平等对待的情况。而其理由，例如人才引进可以带动地方经济发展，从而促进低收入家庭的就业和收入等，逻辑关联较弱，不具有说服力。

第四章 住房政策与发展行政法

第一节 住房政策的宏观调控任务

深入考察可以发现，住房政策在承担给付行政任务的同时，还承担着宏观调控任务。此时，住房政策属于国家财政政策和产业政策的组成部分。

首先，保障房政策既有福利保障的性质，又有国家财政政策的属性。2008年4万亿刺激计划[①]中的保障房建设投资就是国家为了阻止金融危机造成的经济减速所运用的积极财政政策。这项积极财政政策在几年后带来了房地产市场库存、银行坏账和企业债务风险等不良后果。从而，2016年之后，三、四线城市的住房政策又反其道而行之，通过扩大住房需求（如采取取消限购、降低贷款首付、给予贷款优惠、给予购房人财政补贴、改农业户籍为城市居民户籍等措施），消化过剩的住房供给，防范债务风险，减少2008年积极财政政策对宏观经济造成的不利影响。

其次，税收调控和限购政策，除为保持住房市场稳定以外，也为国家的整体宏观经济服务。前文的营业税、个人所得税调整都体现了这一目的。住房市场与金融市场密切相关，不仅金融机构对房地产开发与交易提供的低利融资会导致住房市场波动，而且不动产证券化以及其他相关金融衍生品会放大金融因素对房地产价格的影响。[②] 当住房市场漫长的自我调节对金融系统带来冲击时，市场的非均衡性就会导致整体经济不稳定，进而还

[①] 4万亿刺激计划的十大措施中第一项就是："加快建设保障性安居工程。加大对廉租住房建设支持力度，加快棚户区改造，实施游牧民定居工程，扩大农村危房改造试点。"

[②] 参见黄茂荣《不动产价格之狂飙及其管制》（上），《交大法学》2012年第1期。

会造成大量失业并引发通货膨胀。此时，中国人民银行会通过限制房地产金融产品防范金融风险，除此以外，国务院还会通过税收调整和限购等手段对住房市场进行宏观调控，以期避免宏观经济风险。与之相反，减税和放松限购则作为促进房地产市场发展的政策，用来应对2008年全球金融危机带来的经济衰退。可见，税收调整和限购是调整产业供需平衡、促进国家宏观经济稳定发展的宏观调控政策。

由此可见，住房政策的主要目的"实际上是政府将房地产业作为其计划管制性经济所采取的对供给、需求的调控，根本是为了国家整体的投资、就业以及与房地产业相关联的金融业等整个国民经济的发展"。[①] 这种宏观经济调控的目的和手段体现了我国国家与市场的一种非常特殊的关系。改革开放至今，中国市场经济发展40多年来没有发生过西方经济学意义上典型的"经济危机"和"金融危机"，这也说明了宏观调控这个中国特有的行政干预机制对"危机"所具有的避险能力。反观其他市场经济国家，无论是20世纪90年代地产泡沫的日本、2008年"住房次贷危机"的美国、还是2010年开始陷入地产债务危机的西班牙，均是由于政府作为有限，致使经济和社会承受了巨大的损失。事实的经验证明，缺乏房地产市场的宏观调控能力将带来难以估量的经济和社会后果。但是，房地产领域的宏观调控政策也会带来一系列的负面效果，其中积极财政政策带来的债务危机表现最为典型。由此，负面的政策后果需要通过事前的法律控制和事后的政治问责来加以避免。[②]

第二节　宏观调控与发展行政法

《宪法》第15条第2款"国家加强经济立法，完善宏观调控"的规定，

[①] 凌维慈：《规制抑或调控——我国房地产市场的国家干预》，《华东政法大学学报》2017年第1期。

[②] 参见卢峰《宏调的逻辑——从十年宏调史读懂中国经济》，中信出版社2016年版，第34—35页。

确立了国家对经济进行宏观调控的职能。然而，宪法和有关法律对调控的权限、对象和方式等都未做出明确规定。根据《宪法》关于全国人大及其常委会职权的规定以及其第 89 条第 6 项关于国务院"领导和管理经济工作和城乡建设"职权的规定，可以解释推定，国务院享有宏观调控的职权。但这一职权的内容和行使方式事实上都没有立法机关的具体授权，这也成为国务院政策裁量权限的一项重要特征。经济学界的研究认为，宏观调控是典型的中国术语，西方经济学理论中并没有与之完全对应的概念。西方国家与之类似的概念是"稳定化政策"（Stabilization Policy），它是旨在降低短期经济波动严重性的宏观经济政策，包括货币和财政政策。[①] 从 40 多年来的实践经验以及中央文件的规定可见，我国的宏观调控不仅通过采用货币和财政手段调整经济周期，而且还"以国家发展战略和规划为导向"，注重"财政政策、货币政策与产业、价格等手段协调配合"。宏观调控的主要任务是在"保持经济总量平衡，减缓经济周期波动影响"的基础上，进一步实现"促进重大经济结构协调和生产力布局优化，防范区域性、系统性风险，稳定市场预期，实现经济持续健康发展"等目标。[②] 这些内容实质上并非宏观经济学上的经济周期均衡目标，而是国家主导具体经济产业，实现经济发展的目标。国家在 20 世纪 90 年代开始对房地产业实施的激励政策即可视为此种类型的产业政策。并且，这种产业政策在环保、科技、医药等产业领域都广泛存在。

　　正如政治经济学界所提出的发展国家论一样，在我国行政法体系内部也存在针对"宏观调控"这种国家经济发展职能的发展行政法。"发展型国家"乃源自查默斯·约翰逊（Chalmers Johnson）对战后日本发展经验的总结。根据其研究，在经济发展被确立为国家目标后，日本政府（以其通商产业省为代表）便通过各种"产业政策"（industrial policy），保护扶持特定产业，促其尽速成长壮大，带动整体经济繁荣。[③] 我国的发展

[①] 参见庞明川《中国特色宏观调控的实践模式与理论创新》，《财经问题研究》2009 年第 12 期。
[②] 参见党的十八届三中全会《中共中央关于全面深化改革若干重大问题的决定》全文。
[③] 参见［美］查默斯·约翰逊《通产省与日本奇迹——产业政策的成长 1925—1975》，金毅、许鸿艳、唐吉洪译，吉林出版集团 2010 年版。

国家理论认为，对中国这样的"后发国家"（late-developer）而言，"发展问题"的本质就是"后发"追赶"先进"，对后发追赶的国家而言，"政府介入"大概是唯一希望。① 发展型国家以"产业政策"和"国家能力"为核心特征。② 这种国家的能力和职能必然需要配备相应的行政权力和法律制度。于安教授早在其有关发展导向性行政法的论文中，就指出过此类行政活动所存在的法律问题："政府采取发展措施促进当事人按照政府发展意图积极行使经济性民事自由权，目的是解决市场在实现政府发展方针上可能出现的有效性和低效率问题，但是行政法担忧的问题是，政府为了追求经济增长可能与企业结盟并给予其特权性优惠，忽视社会利益和挤压社会权，在公私法交汇情形下如何保护公共利益是当代行政法关注的重大问题之一"。③ 因此，国家的宏观调控是展现"产业政策"和"国家能力"的行政活动，发展行政法的课题是我国当下行政法的重要组成部分。

我国行政法学理论近年来的发展，尤其是新行政法和管理论的提出，其中暗含着对发展行政法的关注，并且学者们也提出了应对这种行政职能采取相匹配的行政法模式。"新行政法"的研究指出应对"行政职能的变化引发行政法顺应变化做出调适"④ 进行追问。罗豪才的"平衡论"、王锡锌的"行政正当性需求"论⑤ 以及沈岿的"监控者与管理者"论，都观察到随着行政任务的扩展，传统合法律性的控权模式存在的不足。其中，有学者认为，我国行政法的合法律性判断占据主流，主要是学说移植的影响和特定历史阶段制度建设的需要；我国和德国、美国等其他国家一样，都面对给付行政的扩张和规制行政的放松，需要引入与此种行政任务相匹

---

① 参见耿曙、陈玮《发展型国家：理论渊源与研究进展》，《中国政治学》2019年第2期。
② 参见陈玮、耿曙《发展型国家的兴与衰：国家能力、产业政策与发展阶段》，《经济社会体制比较》2017年第2期。
③ 于安：《论协调发展导向型行政法》，《国家行政学院学报》2010年第1期。
④ 李洪雷：《中国行政法（学）的发展趋势——兼评"新行政法"的兴起》，《行政法学研究》2014年第1期。
⑤ 王锡锌：《行政正当性需求的回归——中国新行政法概念的提出、逻辑与制度框架》，《清华法学》2009年第2期。

配的行政法模式。[1]

同时，学者们也注意到，我国行政特有的任务或职能同样是行政法不局限于传统合法性评价而引入其他机制的重要理由。例如，王锡锌提出"管理性"行为、沈岿提出的"管理者"都指出了作为管理者角色的行政需要一套不同于传统行政法的方法和体系，并提出了相关的设想。[2] 遗憾的是，这些研究并未对管理者的职能进行充分的展开，未能揭示出管理性行为与传统法治要素的矛盾之处。

其实，"管理性"行为体现了我国政府主导经济的职能。宏调部门越来越多，央行、财政部、发改委，甚至国土部门都加入进来，成为中国政府控制经济的独特之处。[3] 住房政策具有宏观调控的特征，作为发展国家必要的行政手段，应如何受到法律控制，使其更符合我国国情，这是亟待研究的课题。

纵观住房政策的形成过程，参与政策制定的部门和内容直接体现了住房政策的宏观调控目标。2006年，由建设部牵头，全国房地产市场宏观调控部际联席会议成员单位参加，联合进行了住房、住房制度改革和房地产市场专题调研，并在此基础上形成了"十一五"时期包含完善住房制度、促进房地产市场健康发展的基本思路和主要对策的课题组报告。调研涉及全国十余个省（市），并召开了若干次地方负责人、房地产管理部门、专家学者座谈会。参加调研的有建设部办公厅（研究室）、住宅与房地产业司、城乡规划司、村镇建设办公室、政策研究中心、住宅产业化促进中心，以及国家发展和改革委员会、国土资源部、财政部、中国人民银行、国家统计局、中直管理局、国务院机关事务管理局等单位。全国工商联住宅产业商会也提供了有关调研报告。[4] 从总报告来看，提出的政策建议基本与

---

[1] 参见沈岿《监控者与管理者可否合一：行政法学体系转型的基础问题》，《中国法学》2016年第1期。

[2] 参见王锡锌《行政正当性需求的回归——中国新行政法概念的提出、逻辑与制度框架》，《清华法学》2009年第2期；沈岿《监控者与管理者可否合一：行政法学体系转型的基础问题》，《中国法学》2016年第1期。

[3] 参见周其仁《毫不含糊地反对通货膨胀》，《经济观察报》2007年12月3日。

[4] 参见建设部课题组《住房、住房制度改革和房地产市场专题研究》，中国建筑工业出版社2007年版，前言部分。

2006年国务院关于稳定住房价格的文件内容一致。

　　4万亿计划则是中国国务院总理温家宝于2008年11月5日在国务院常务会议上提出的。2008年，面对席卷全球的金融风暴，中国政府明确指出，必须采取灵活审慎的宏观经济政策，以应对复杂多变的形势。要实行积极的财政政策和适度宽松的货币政策，出台更加有力的扩大国内需求措施，加快民生工程、基础设施、生态环境建设和灾后重建，提高城乡居民特别是低收入群体的收入水平，促进经济平稳较快增长。十项措施中第一点就是："一是加快建设保障性安居工程。加大对廉租住房建设支持力度，加快棚户区改造，实施游牧民定居工程，扩大农村危房改造试点。"

　　实施十项上述工程建设，到2010年底约需投资4万亿元。为加快建设进度，会议决定，2009年四季度先增加安排中央投资1000亿元，2010年灾后重建基金提前安排200亿元，带动地方和社会投资，总规模达到4000亿元。资金来源上，中央政府承担11800亿，其他资金从其他的渠道筹措。其他资金来源渠道包括：第一，支持地方政府能够积极地筹措他们应该承担的资金，具体的办法就是中央财政代地方财政今年发行2000亿的国债。第二，发放一部分政策性的贷款，作为特殊情况下的特殊政策，国家发改委、财政部、人民银行和银监会已经商量了一个具体的办法，发放一些期限比较长，利率比较低的政策性的贷款，作为项目资本金。第三，扩大地方企业债券的发行。

　　4万亿带来的恶果是产能过剩问题。其源头不仅是4万亿，更是4万亿所带动的银行资金。纷繁复杂的影子银行，在过去3年间急剧膨胀，并已成为地方融资平台、地产商、中小制造业企业的融资主渠道。中国社会科学院影子银行报告按照最窄口径计算，仅2012年的"理财+信托"的总规模，官方数据显示的是14.6万亿元，市场数据则为20.5万亿元。影子银行报告显示，地方融资平台参与影子银行融资的主要渠道有二：一是由银行理财资金与信托资金购买地方融资平台发行的城投债；二是由基础设施建设信托（基建信托）为地方融资平台提供新增融资。

　　因此，在行政法的层面，应当一方面进一步反思国家和市场的边界，缩小国家处于宏观经济的考虑直接对房地产业进行供给和需求的投入和控制；另一方面，在现有的此类行政特殊性和相关制度不变的格局下，应当思考如何从法律制度上促使国家对产业的宏观调控能够受到法治的约束。

第三节　法律控制方式的再调整

宏观调控政策的行政裁量具有必要性。以住房政策为例，行政裁量可以使国务院的决策更专业、更快速地应对危机，避免市场提前形成预期。宏观经济环境各项条件瞬息万变，政策的出台需要及时把握相应的环境条件。国务院及其相关部门掌握了比所有市场主体更多的经济与金融数据，相应也有能力对这些数据进行综合分析，并做出判断和预警。政策内容不应被市场主体预先知晓，否则其将形成预期，采取相应举动，致使政策效果难以实现。因此，应排除立法机关的预先干预。此外，宏观调控面对复杂的经济形势，已有经济学理论无法提供所有决策判断细节，多元的宏观调控目标认识难度又较高，这些都导致宏观调控的法律控制困难重重。经济法学界诸多学者都已经注意到了这一点。他们提出，对宏观调控主体适当赋权，由其根据形势和调控目标"相机抉择"或自由裁量，但同时必须将其纳入问责体系。[①]

那么，住房政策如何既能"相机抉择"又能避免干预经济造成不利后果呢？这就需要在法律控制方式上进行再调整，主要表现在以下两个方面。

第一，当宏观调控住房政策具有规制性（侵害性）后果时，并不能因为其宏观调控的目的，而不受法律保留、比例原则的约束。这就意味着，认为宏观调控权限属于国务院的宪法职权，其具有不受法律控制的自由裁量空间的观点，在此种情况下是不能成立的。有学者认为宏观调控手段应赋予更多的相机性（裁量性），微观规制手段应受到更强的法律约束。[②]这种从目的角度出发得出法律控制程度的方法，最大的难题是如何区分同

[①] 参见史际春、肖竹《论分权、法治的宏观调控》，《中国法学》2006年第4期。
[②] 参见包振宇《相机性规制的合法性研究——以房屋限购令为例》，《东方法学》2011年第4期。

一手段究竟是出于规制目的还是宏观调控目的[①]，区分的困难导致适用的困局。然而，如果从政策的法律后果出发，则可统一要求任何带有规制性（侵害性）后果的住房政策都应具备法律授权根据，不同的是，在目的和手段的合理性上可进一步区分规制性目的或宏观调控目的，从而适用不同的标准。

第二，当宏观调控住房政策具有给付性（授益性）后果时，不能简单适用预算约束和行政内部监督等方式进行控制，而需要探索促进财政政策合理性的法律控制方式。实质上可以尝试将这种具有给付性（授益性）后果的宏观调控住房政策分为消极与积极两种类型，来区分法律控制的方式。消极的政策并不需要行政机关主动补贴相对人某种利益，而是通过减免其相应的税赋，来使其获益，从而诱导其行为，例如税收减免。积极的政策主要是行政机关直接补贴相对人现金或给予土地使用权。消极的减税政策更重视对市场主体自身行为的诱导，而且减免的税收类型一般具有法律法规依据，减税过程中不太可能通过创造新的名目来套利。并且，根据税收的相关法律规定，减税已经形成一整套约束行政机关权限、程序和内容的法律制度，可以对宏观调控的手段选择进行有效的控制。然而，积极的补贴政策性质类似行政给付行为，补贴的设定通常无须法律依据。与减税相比，行政机关可以根据其目的自由地制定补贴的要件和内容，从而易于被市场主体所俘获，引发不精准或过度的补贴。因此，积极的补贴政策需要受到进一步的法律控制。

补贴等以扩大财政支出为核心的财政政策在很多国家被限制性地使用，另一项重要原因是，这种财政政策一旦被要求事先通过立法机关的审

[①] 经济法学界有众多对国家干预经济手段的分类，最为典型的观点大体上可以归纳为"两分法""三三制"和"多元论"。所谓"两分法"认为可以把国家干预市场的措施分为宏观调控和市场规制。参见张守文《略论经济法上的调制行为》，《北京大学学报》（哲学社会科学版）2000年第5期。所谓"三三制"是指按照国家调节经济的基本方式，区分市场规制、宏观调控和国家投资经营。参见漆多俊《经济法基础理论》，武汉大学出版社2000年版，第109页。还有学者进一步区分了对外管制、市场监管等更多的干预类型。例如，顾耕耘主编《经济法教程》，上海人民出版社2002年版，第19页。无论如何，在上述分类中宏观调控和微观规制构成了最为基本的两大类型。也有学者从有关术语的英文和日文翻译出发，否认"宏观调控"表述的合理性，认为可以用"规制"一词涵括国家干预市场的各类措施。参见陈承堂《宏观调控权的经济法表达》，《政治与法律》2009年第9期。

查,就会丧失其调控的功能。从 20 世纪 80 年代开始,以美国和欧洲等为代表的发达经济体已经很少采用财政政策,取而代之的是越来越精确的货币政策。① 因为,这些国家的宪法不允许具有再分配功能的财政政策未经投票和立法程序而随时调节国民分配结构,而立法一旦对财政政策进行审查,又会延误政策时机,破坏其调控的功能。

以扩大财政支出为核心的财政政策,曾经是"二战"后世界各国反周期宏观经济政策的重要内容,但是从 20 世纪 80 年代开始,以美国和欧洲等为代表的发达经济体已经很少采用,取而代之的共识是越来越精确的货币政策。② 20 世纪 80 年代后,美国公共选择理论的兴起所导致的社会观念的变化、两党分别控制政府和国会格局的形成所导致的国会预算权力的加强和预算平衡法则的回归,成为制约美国宏观调控理念和政府宏观调控能力的根本原因。1974 年国会预算法案改变了原有格局,使国会可以独立起草预算提案,并在新的分析机构的基础上形成了国会预算办公室。自此,美国国会不仅可以表决预算,也可以独立提出预算提案,美国进入国会和总统共同控制预算管理过程时期,总统将国会批准资金挪作他用的权力被剥夺,政府"促就业、保增长"经济支出逐步让位于日渐增长的应享权益支出。财政和税收的核心是正规制度安排,而不是专门的应急工具。一个正规的制度安排必然要求公开、透明、可预期。美国立法程序规定,制定一个反周期财政政策的程序至少包括:总统召开内阁会议,确定哪个部分的税收或财政支出要进行调整,随后提交国会辩论以确定是通过、修改还是否决提案,历时最少要几个季度,或者几年,这种严格的程序限制了政府和财政部门依据可能突然出现的宏观经济形势转变而采取行动的权力。③ 从信息的角度而言,消费者的理性预期极大地影响财政政策宏观调控的职能。再加上财政政策不是典型的总量政策,其灵活性面临福利刚性和收入分配格局的挑战,偶尔采用一次可以,像 20 世纪 50—60 年代那样

---

① 参见付敏杰《财政政策为什么退出了美国的宏观调控舞台?——事实、文献与观点》,《金融评论》2013 年第 3 期。

② 同上。

③ 同上。

长期采用而制度化，早已经被消费者所预期到而失去了例外的效果。① 财政的决定是一个公共选择程序所制定的公共政策结果。对于具有强力分配功能的财政来说，投票和立法是财政改革的必需过程，任何相机的决策都不能脱离决策规则。一些临时的总需求调整措施，看似起到了一定的效果，却必须承受巨大的代价。一个如此信奉自由市场和权力制衡的国家如美国，很难允许政府手中有大量的、可以未经投票和立法而随时自由调节国民分配结构的权力。毫无意外，美国选择了放弃政府通过相机决策来调控经济的财政政策，走向了更能促进长期繁荣的财政制度，从而使效率和公平，尤其是后者重新成为公共政策的核心。②

尽管美国现在很少使用财政政策，但制度上其财政政策也必须落实在预算法案中，经国会批准。出于福利目的的政策也需经国会批准。因此，无论出于什么目的，至少都要求在国会中形成利益表达和竞争。而且即使是为了财政政策目的落实的预算方案也不会将财政资金投入非公共服务的产业。如果从财政政策的目的出发，整个预算法案可能偏重的是如何实现刺激经济的目标，如果从保障福利权利的角度出发，预算法案更多会考虑预算平衡。

正如美国经济学家斯蒂格利茨所言："在美国货币政策工具胜过财政政策工具的主要优点之一，是前者有更大灵活性"，"财政政策工具必须纳入美国的政治程序，这种程序往往因其似乎是无休止的讨价还价，涉及广泛的利益阶层，以及做出决策所需要的大量的人员，从而使它不能迅速做出判断。"③ 这种严格的程序限制了政府和财政部门依据可能突然出现的宏观经济形势变化而采取行动的权力。④

那么，如何为我国的这种财政政策提供合理的法律控制方式呢？是与美国一样，要求其必须经过预算审议那样的立法程序而导致财政政策自然

---

① 参见付敏杰《财政政策为什么退出了美国的宏观调控舞台？——事实、文献与观点》，《金融评论》2013 年第 3 期。

② 同上。

③ [美] 斯蒂格利茨：《经济学》（下册），姚开健等译，中国人民大学出版社 1997 年版，第 358 页。

④ 参见付敏杰《财政政策为什么退出了美国的宏观调控舞台？——事实、文献与观点》，《金融评论》2013 年第 3 期。

消失，还是结合我国的实际，建立有效的控制机制？在国务院宏观调控职能和调控手段（如国有建设用地的供给）不变的条件下，我国应当进行两个层面的制度建设。第一个层面，应尽可能适用减税等消极的政策，引导市场主体改变其市场行为，减少采用产业补贴等积极的投入措施；第二个层面，应有一个兼具专业性并且任期和任职较为独立的机构辅助（或代替）国务院及相关部门做出财政政策的决策，从而填补财政政策决策中存在的短视和缺乏代表性的缺陷。[①]

[①] 吴越教授曾经提出，对国民经济形势的判断或者说宏观经济形势过热或者过冷的判断必须有一个专门机构来负责，而这个机构除了要具有专业性以外，也应具有一定的代表性。参见吴越《宏观调控：宜政策化抑或制度化》，《中国法学》2008年第1期。

第五章　保障房买卖法律关系的行政法规制[①]

在给付行政领域，当行政机关委托第三方私人承担给付行政任务时，需解决私人主体与受益人之间是私法关系抑或公法关系的难题。保障房租赁与买卖作为私人承担给付行政的一种方式，为此难题的研究提供了绝佳的素材。保障房的租赁与买卖作为民事合同，可以一定程度实现公法上的给付目的，但也存在其局限性。我国公有租赁住房的产权功能和经济适用房的产权属性是导致其局限性的重要原因。针对在我国特定情形下的保障房租赁和买卖关系，立法与司法应建构行政行为与合同（或行政协议）双阶段的法律关系，以有效消除不正当使用保障房的行为，并保障受益人和其他潜在受益人合同缔结的权利。

住房的租赁与买卖是典型的民事法律关系，由民事法律所规范。然而，具有福利给付性质的保障房租赁和买卖则存在适用公法还是私法的争议。

一方面，计划经济时代留存的公有租赁住房[②]的租赁关系尽管随着市场化改革已从行政管理关系向民事租赁关系转变，但是其公有和福利的属性使租赁关系仍存在行政法律关系还是民事法律关系的争议。尤其在判断

[①]　本章内容曾以"保障房租赁与买卖法律关系的性质"为题，发表于《法学研究》2017年第5期。

[②]　公有租赁住房制度是计划经济时代国家将国家所有或集体所有的住房分配给职工或城市居民租赁居住的制度。其包括由国家各级房地产管理部门直接经营管理国有房产的直管公房和国有企业事业单位、机关团体投资兴建、自行管理的自管公房。其不仅是国家对公民的住房福利而且更带有一种生活资料再分配的性质。在20世纪90年代住房改革后，其中一大部分通过市场化购买，成为私人所有。但是，仍有不少城市依然留存大量未被公房承租人申请购买的公房，并构成了现今整个住房保障制度的一部分。

建立和解除公房租赁关系是民事合同关系还是行政法律关系上，各地法院存在完全不同的观点。①

另一方面，20世纪90年代住房商品化后国家建立的各类新型保障房，②其租赁与买卖关系究竟是民事合同还是行政给付关系也成为问题。这些保障房的租赁和买卖一般要以行政机关依申请做出的行政决定为前提，为了确保房屋得到正当使用（非欺诈取得并自住使用），开发商和行政机关又通过合同的特殊条款或行政命令赋予承租人和买受人不得随意出租、转让等禁止义务。从而，针对违反保障房使用目的的情形，究竟应由主管部门以行政命令制止违规现象、收回住房，还是由开发商运用合同解除权来收回住房，法律上的途径极不清晰。③这也导致法院不得不经常运用合同无效条款来遏制违法现象，合同法上因危害公共利益而无效的条款被泛化。部分法院甚至在民事判决中要求收缴房屋使用费，④体现出强烈的代表国家收缴"违法所得"的立场。

无论是公有租赁住房还是新类型的保障房，都是国家通过财政、土地等支付或补助、由国家所有或开发商所有、物业企业运营的房屋，其目的都在实现国家保障部分人群的住房权利，属于国家福利行政的范围。但是其方式上采取了由市场主体（开发商、物业公司）而非行政机关承担福利

---

① 甚至在同一省域范围内，不同地区、不同级别法院的认定也会完全不同。2006年苏州平江区人民法院在变更公房租赁人案件中，认为公房租赁是房产管理局依法与公民、法人平等协商最终达成协议的过程，由此引发的争议不属于行政诉讼调整范围。参见徐欢、勇建《公房租赁姓"民"不姓"行"法院依法驳回原告诉讼请求》，《江苏法制报》2006年11月30日第A01版。2011年，同样在变更公房租赁人案件中，常州市中级人民法院则认为，该行为属于行政诉讼的受案范围，市房管局未尽合理审慎职责，该公房租赁证应予撤销。参见周雯、高国俊《欠缺同住成年人书面同意的公房租赁证应撤销——江苏常州中院判决王夕诉常州市房管局撤销公房租赁证案》，《人民法院报》2011年3月31日第006版。

② 此类保障房是在住房商品化后，国家针对中低收入人群建立的住房保障措施。2007年，中央开始真正向地方进行资金投入，并要求地方进行建设与分配。此后，国务院及各个地方政府不仅开始具体实施经济适用房和廉租房制度，而且建立了面向新入职群体和中等收入群体的公共租赁住房、自住房、限价房制度。从产权形式上看，现有的保障房主要分为受给人取得产权（经济适用房、自住房、限价房）和受给人不取得产权仅取得一定期限租赁权（廉租房、公共租赁住房）这两种形式。

③ 参见《经适房两租户被追究法律责任》，《东方早报》2013年5月30日（http://www.dfdaily.com/html/3/2013/5/30/1006971.shtml），2017年4月15日最后登录。

④ 祁骥诉张雪蓉房屋租赁合同纠纷案〔2016〕沪01民终5440号。

给付的形式。公有租赁住房由国有物业公司等进行管理,这些公司承担着诸如认定租赁关系的变更、腾退非法转租公房等公法上的职责。[①] 而经济适用房、廉租房、公共租赁房等无论是产权式的,还是租赁式的保障房,几乎都是由国有房地产开发经营企业进行建设和运营。享有住房保障权利的受给人就从房地产企业处取得房屋的购买权和租赁权。[②]

以上法律关系的争议体现了由私人主体承担给付行政任务、提供受益人商品和服务时,适用公法抑或私法的难题。承担给付任务的私人主体和受益人之间既不能适用单方行政行为构成的传统行政法律关系,又在适用私法关系时可能有损公法目的的实现,出现了两难。因此,无论从理论还是实践层面,都有必要对此问题展开深入研究,探寻民法在应对福利国家时做出的调整,构建给付行政中新型的法律关系框架,进而为实践层面提供争议解决的法律途径。

后文将依次从民事法律关系的适用性、局限性出发,阐述适用行政法律关系的必要性和空间,提出在特定情形下建构行政法律关系以避免民事法律关系弊端的构想。

第一节 民事法律关系的适用及其局限

一 通过民事合同实现公法目的

在理论和实务界,将保障房的租赁和买卖仅看作民事法律关系为现阶

[①] 例如,相关课题成果显示,物业管理公司作为上海市住房保障和房屋管理局授权的直管公房管理企业,每年都会遇到 5—6 起需要由集团公司来指定承租人死亡后有权承租该住房人选的案件。参见詹水芳、齐峰《上海老旧公房管理与运营机制研究》,上海市人民政府发展研究中心课题报告,载上海市人民政府发展研究中心网站(http://www.fzzx.sh.gov.cn/lt/awuco5371.html),2017 年 4 月 15 日最后登录。

[②] 从我国近几年的实践来看,保障房的供给主要是由地方政府委托国有房地产开发企业来进行,真正委以民营企业的很少,其中的原因,除了保障房建设经营的盈利空间对民营企业吸引力不足以外,政府与企业之间的博弈成本也是重要原因。国有房地产开发企业在实施和贯彻地方政府意志的方面一般比与民营企业签订特许合同的方式博弈成本更低,更有效。

段的主流观点。民法学界的诸多学者主张,因为在保障房的租赁和买卖过程中需要缔结合同,所以保障房的租赁和买卖自然应属于民事法律关系。即使合同中的一方是行政机关,其法律关系仍然应当属于私法的调整范围,应当以平等的民事法律关系来看待。尽管没有具体的数据统计,但由于很难在行政诉讼中看到相关案例,可以推测,大量涉及保障房租赁和买卖合同履行方面的纠纷,都采用民事诉讼或其他非诉方式进行解决。

由于传统的私法在社会变化过程中已经发生了很多变化,因此,通过民事合同也可以实现公法目的。在保障房租赁和买卖关系中也有这方面的体现。

首先,在保障房租赁关系中,禁止转租、闲置等公法义务被写入租赁合同承租人的义务条款中,双方又通过合同约定,当承租人不符合保障房租赁条件时(例如租赁期内,通过购买、受赠、继承等方式获得其他住房并不再符合公共租赁住房配租条件的),合同自然解除。这些条款的主要依据是住房与城乡建设部制定的《公共租赁住房管理办法》中有关公共租赁住房使用和退出的规定[①]。从近几年的司法实践中可以看到,海南、重庆等地已出现类似案件。[②] 这些案件主要是公共租赁住房运营单位向法院提起民事诉讼,请求法院判决承租人退回或腾退房屋。其中,有的承租人违反了公共租赁住房禁止转租的约定或长时间不缴纳租金,有的承租人则是不再符合续租条件,而法院都以承租人违反合同约定为由判决解除合同、腾退住房。此外,针对承租人不符合承租公共租赁住房条件的情形,由于承租条件的认定属于行政职权,因此,理应由主管部门撤销承租人的承租资格,但实践中也出现了通过民事合同实现收回住房的判决。永康市房地产管理委员会与胡海标房屋租赁合同纠纷案中,[③] 由于承租人五年内

[①] 参见《公共租赁住房管理办法》第27、31条。
[②] 笔者以判决结果关键词"公共租赁住房"在"中国裁判文书网"上进行了检索,归纳主要有以下案件体现了公租房所有权人或运营单位以民事诉讼主张违反公法义务的承租人退回住房,法院进行了支持。璧山区公共租赁住房管理中心与朱建东房屋租赁合同纠纷案〔2014〕璧法民初字第04306号;三亚市房屋租赁服务中心与陈某华、吉某、倪某锋房屋租赁合同纠纷案〔2015〕城民二初字第640号;重庆市公共住房开发建设投资有限公司与陈德忠房屋租赁合同纠纷案〔2015〕渝北法民初字第00596号。
[③] 〔2014〕金永民初字第1233号。

曾出售私房，不符合承租条件，出租人永康市房地产管理委员会要求法院确认民事租赁合同无效，法院认为"原、被告双方实质上并未就公共租赁住房的租赁达成合意"，确认租赁合同应无效，并要求被告返还公共租赁住房。因此，即使不通过主管部门做出责令承租人限期退回住房的决定，[①]通过民事合同也同样实现了确保公共租赁住房得到正当使用这一公法上的目的。

其次，在经济适用房买卖关系中，为了确保买受人取得产权后，仅将房屋自住使用，《经济适用房管理办法》确立了禁止购房人五年内转让或出租的义务。由于《经济适用房管理办法》不是行政法规，无法直接适用合同法第52条第5项。因此，法院在多数情况下会认定，"当事人双方在五年内签订的经济适用房买卖合同，违反了相关规定，规避了政府对经济适用房的管理，跳过了政府的优先回购权，进而影响侵犯了其他中低收入家庭获得经济适用房保障的权益，从而损害了社会公共利益"[②]，从而通过适用合同法第52条第4项，以损害公共利益为由，判决经济适用房买卖合同无效。

在个别案件中，法院表现得则更为积极。例如，在祁骥诉张雪蓉房屋租赁合同纠纷案中，法院认为，"该经济适用房购房人的出租行为系利用公共资源，损害公共利益，其所诉请的房屋使用费不予支持。为维护公共利益，促进保障性住房管理秩序规范，本院另行下达决定书对该部分收益予以收缴。其余的房屋使用费，相关住房管理部门亦已就涉案房屋的违规出租问题出具了整改通知，故对于该部分收益可由住房管理部门依照相关规定进行后续处理。"[③] 然而，这样的民事制裁手段违背了法院应有的消

---

① 《公共租赁住房管理办法》第27条规定对于转借、转租或者擅自调换所租公共租赁住房等情形，承租人拒不退回公共租赁住房的，市、县级人民政府住房保障主管部门应当责令其限期退回；逾期不退回的，市、县级人民政府住房保障主管部门可以依法申请人民法院强制执行。

② 参见上诉人马超与被上诉人陈桂明房屋买卖合同纠纷案〔2015〕宁民终字第2121号法院判决书。经笔者在"中国裁判文书网"上查询，还可见以下典型案件：上诉人黄铭雄与被上诉人黄涛经济适用房转让合同纠纷案〔2015〕萍民三终字第47号；戴玉兵与卢清球经济适用房转让合同纠纷案〔2016〕赣0423民初463号；余芳与熊银安、邹福芬房屋买卖合同纠纷案〔2016〕鄂0923民初847号；祁骥诉张雪蓉房屋租赁合同纠纷案〔2016〕沪01民终5440号。

③ 祁骥诉张雪蓉房屋租赁合同纠纷案〔2016〕沪01民终5440号。

极立场，[①]即使认为房屋使用费属于违法所得，也应由行政机关进行处理。

综上所述，受益人是通过合同的形式取得房屋的租赁权或所有权，双方权利义务实现的方式也是通过双方协力共同履约来实现的，与一般的民事合同无异。可以看出，关于房屋的租赁与买卖，民事法律规范已具备相当完整的规则进行调整，而保障房的租赁和买卖整体上仍属于一般民事房屋租赁与买卖的类型，只不过在特定事项上受到保障房公法制度的规范。如果排除民法规则的适用，仅将保障房的租赁和买卖看作一种行政管理行为，不仅将退回到计划经济时代的公房管理的模式，而且事实上也是不可行的。

二　保障房的特点与民事合同的局限性

尽管民事合同能够在一定程度上实现公法目的，但我国保障房的产权属性，特别是公房承租权的产权功能和经济适用住房的产权属性使得仅通过民事合同来解决保障房的租赁和买卖仍然存在一定的局限。

第一，公房承租权的产权功能使得公房租赁不能仅通过民事合同进行调整。出租人对承租人的选定（变更租赁户名）不是出于双方的合意，而是基于《城市公有房屋管理规定》第28条规定的更名要件做出，而候选的更名申请人是否能取得承租权不仅意味着取得租赁的权利，而且意味着可以以极低的价格购买产权或者在房屋征收中获得与产权价值等同的补偿。对于候选的更名申请人而言，以行政行为变更租赁户名相较缔结民事合同的优势在于，在行政救济程序中可以主张对该行政行为的合法性进行审查，其适用的举证责任、证明标准以及审查方式等都比通过民事诉讼请求法院判决变更户名更有利于保护承租人对这项重要财产性权利的保障。法院中也出现了诸多案件，当事人主张变更租赁凭证是行政行为，并得到

[①] 有民法学者认为民事制裁是特殊时期的立法产物。这一制度表面上维护了法律的权威，但实际上却与司法权的被动性、中立性相违背，以司法权威的丧失为代价。在民事制裁中，法院行使了行政权和个案中的立法权，违反分权制衡的法治原则。参见魏盛礼《民事制裁制度性缺陷评析》，《河北法学》2005年第5期。

了法院的支持。①

第二，在经济适用房的买卖过程中，民事合同关系难以保障违反正当使用义务的买受人返还住房。要认定民事合同无效需要考量公益和私人间信义的轻重、合同的履行阶段等综合因素，买卖合同的无效远比租赁合同复杂得多，即使认定为无效，执行起来也极不容易。因此，实践中有的地方政府要求《经济适用房预（出）售合同》增加住房保障中心作为开发商和买受人之外的第三方，约定住房保障中心在购房人违反正当使用义务时有权解除合同并主张违约金，以避免开发商难以要求买受人返还住房的困局，实现国家福利给付的正当使用。②然而，在开发商不积极收回违反正当使用义务的购房人的住房时，并非产权交易一方的住房保障中心，显然难以代位履行。③

第三，民事合同无法保障合同缔结的权利。民事合同基于合意而缔结，民法通则和合同法均无机制可以约束开发商与特定的买受人缔约。若无在先的行政分配决定确定缔约的义务，受益人获得给付的权利就难以保障。

第四，如果将保障房的买卖和租赁仅作为私法上的合同，难以充分确保保障房供给的质量、价格、方式等达到住房保障权的内在要求。政府对开发商的委托往往过于模糊、监督不足，④受益人无法参与到政府和开发商的委托合同形成过程当中。仅凭受益人和开发商之间的私法合同，受益人也无法对保障房应达到何种房屋条件、租赁价格如何确定等提出争议，

---

① 笔者在"北大法律信息网"上，分别以"房屋土地管理局""公有租赁住房"为标题或全文的关键词进行搜索，涉及关于更改公共租赁住房凭证权利人或租赁合同承租人的9个案件中，除一例法院认为该行为属于民事合同行为，不属于行政诉讼的受案范围，其余案件法院均肯定该行为属于具体行政行为（行政合同），属于行政诉讼的受案范围（时间范围从2000年至今）。

② 上海市经济适用房出售合同的文本设立了事业单位——住房保障中心作为丙方来履行对不正当使用房屋的收取违约金和收回房屋的权利。在廉租房和公租房租赁中，开发商设立的运营机构或区县住房保障中心有权直接履行解除租赁合同收回房屋的权利。

③ 以上海市经济适用房买卖合同争议为例，作为第三方的住房保障中心（事业单位）试图通过合同约定主张房屋买卖方的违约责任或解除合同（基于违反禁止出售、出租的约定）往往得不到法院的支持，理由是住房保障中心是行政机关，履行的是行政职责，而不是民事合同的主体。

④ 行政机关通过行政命令或委托协议委托开发商建设保障房，但这种委托的过程并不公开，受益人和外部的公众都很难监督。当然，作为国有企业的开发会比民营开发商受到更多政府管理上的约束。

难以保障其法律上乃至宪法上的住房保障权利。

综上所述，考虑到我国保障房所具有的产权属性，以及合同本身存在逃避公法约束的风险，都要求在民事合同以外寻求其他的机制来对保障房租赁和买卖关系进行调整。

第二节　行政法律关系的运用空间

一　行政合同、双阶关系的理论与制度

为了避免给付行政遁入私法，德国和日本的经验都提示，将给付关系纳入公法的领域和救济途径，能够更充分地保障行政目的和受给人权利的实现。

以伊普森（Ipsen）为代表的学者主张将双阶法律关系分为两个阶段，首先，行政机关做出决定是否发放申请的贷款，该决定属于公法性质；其次，在执行该决定和发放贷款的过程中，行政机关与补贴受领人签订私法贷款合同。因此，第一个阶段是决定（是否）批准，属于公法性质，是行政行为；第二个阶段是关于（如何）发放补贴，属于私法性质，是贷款合同。

并没有一例案件将一般的租赁使用关系作为行政法律关系来对待，甚至在少数案例中，法院在明确公有住房租赁关系整体上是民事合同法律关系的同时，甚至认为变更租赁人也是民事法律行为。[①]

在1989年的《行政诉讼法》第11条第6项规定人民法院受理"公民认为行政机关没有依法发放抚恤金的具体行政行为提起诉讼"之后，相应的给付与受给权具有了法律上的意义。其后，法院在个案中解释将社会保险金、最低生活保障金的给付也纳入"抚恤金"的范围。[②]

[①] 参见徐欢、勇建《公房租赁姓"民"不姓"行"法院依法驳回原告诉讼请求》，《江苏法制报》2006年11月30日第A01版。赵增强与开封市房产管理经营总公司鼓楼房管所申请撤销公有住房租赁证案〔2011〕汴行终字第47号。

[②] 参见胡敏洁《给付行政范畴的中国生成》，《中国法学》2013年第2期。此外，2015年开始实施的《行政诉讼法》修正案，将法院的这种解释进行了明确的规定："认为行政机关没有依法发给抚恤金或者支付最低生活保障待遇、社会保险待遇的。"

通说认为,行政法律关系是行政法律规范调整的因法律事实或行政活动而形成或产生的两个以上法律主体的各种权利义务关系。① 在传统干预行政的领域,根据行政法规范,行政机关通过意思表示,以权力性的行政行为引发行政主体与相对人在行政法上的权利义务关系。这种最基本的行政法律关系形态,很少受到争议,人们更关注构成法律关系的行政行为这个概念。② 行政行为这个高度抽象的概念将纷繁复杂的行政活动形式化,促使行政活动遵守特定的法律要求、具备特定的法律效果。然而,其也往往缺乏对相对人的观照,也难以覆盖其他主体及多边法律关系。③

当给付行政④从20世纪开始在行政活动中大量出现,传统的行政行为和行政法律关系认识受到了挑战。不同于干预行政使用命令、制裁单方面的行政行为方式,给付行政更多运用非权力性的、合同的方式,由市场中的第三方来提供资助与服务。行政机关与服务(福利)提供者、服务(福利)提供者与受给者之间的法律关系往往具有私法上平等民事法律关系的特点。理论上一方面开始出现超越"行政行为"理论体系,试图以"法律关系"理论构建行政法律体系的设想,⑤另一方面,对传统的行政法律关系是否能容纳给付行政也开始进行批判性的思考和调整。

德国在20世纪50年代就出现了双阶理论来应对这种给付行政带来的新现象,并且,其和日本都在20世纪70年代后,重新认识了行政法律关系可包含的范围和类型,通过确认合同等双方意思表示的行为亦可引发行政法律关系来囊括给付行政的丰富内容。⑥ 我国在立法和行政上早已广泛出现由私主体承担给付任务的现象,司法实务中也出现争议,但

---

① 参见应松年主编《行政法与行政诉讼法》(第2版),法律出版社2009年版,第15页;陈敏《行政法总论》,新学林出版社2011年版,第213页。
② 参见陈敏《行政法总论》,新学林出版社2011年版,第214页。
③ 参见赵宏《法律关系取代行政行为的可能和困局》,《法学家》2015年第2期。
④ 本文所讨论的"给付行政"指的是相对于"干预行政"而言,行政机关为了保障公民福利或发展经济,向公民、法人或其他组织积极提供金钱、服务或设施上利益的行政活动。
⑤ 参见赵宏《法律关系取代行政行为的可能和困局》,《法学家》2015年第2期。
⑥ [德]哈特穆特·毛雷尔:《行政法学总论》,高家伟译,法律出版社2000年版,第164页;吴庚:《行政法之理论与实用》(增订八版),中国人民大学出版社2005年版,第97页;[日]盐野宏:《行政法Ⅰ(第四版)行政法总论》,杨建顺译,北京大学出版社2008年版,第127—128页。

理论上对给付行政法律关系的探讨并不深入。行政诉讼法修改正式建立了行政合同诉讼制度，为理论和制度上充分展开给付行政法律关系的议题提供了契机。

德国理论和实践上的行政私法理论就是对这一问题的回应。行政私法理论认为由私人主体承担给付任务的行为应整体适用私法，但同时应受到特定公法规范的约束。该理论认识到双阶理论的缺点在于，将同一生活关系分为两个分属不同法域和诉讼途径的法律关系，当两个诉讼程序的法官见解有歧义时，会导致诉讼的困局。[①] 而整体适用私法则可以克服双阶论人为割裂成两个法律关系的弊病。[②] 德国《民法典》第 138 条规定的善良风俗、第 242 条规定的诚信原则和第 305—310 条对一般交易条件的限制条款，以及基本权利和平等原则、比例原则都是约束私法关系的公法规范。[③]

实质上，在英美的普通法体系中，因为不存在行政诉讼的特别程序，为了确保在通过合同实现的福利行政中私法无法保障的权益，法院也适用特别的规则，例如，英国通过议会立法和法院判例的形式在实践中又逐步发展了一些专门适用于政府合同的特殊法律规则。英国高等法院王座分院在著名的"安菲特莱特案件"判决中确立了契约不能限制行政自由裁量权行使的原则，赋予行政机关单方变更与解除行政合同的权利，但这项权利的行使还必须以在合同中明确载明为条件。在合同双方发生争议时，由普通法院依民事诉讼程序予以解决，但法院在审理案件时，适用王权诉讼法，并根据行政机关签订合同时所执行的任务是否涉及管理或公共规制的方式来确定是否适用司法审查。[④] 法院也会通过解释普遍服务、生存照顾义务等要求将公共事业供给等视为公共职能，将看上去是合同上的违约、解除合同等行为纳入司法审查。[⑤] 美国法院通过区分政府介入的性质，将政府

---

① 参见张青波《行政主体从事私法活动的公法界限——以德国法为参照》，《环球法律评论》2014 年第 3 期。

② 参见严益州《德国行政法上的双阶理论》，《环球法律评论》2015 年第 1 期。

③ 参见张青波《行政主体从事私法活动的公法界限——以德国法为参照》，《环球法律评论》2014 年第 3 期。

④ 参见余凌云《行政契约论》（第二版），中国人民大学出版社 2006 年版，第 118 页。

⑤ 参见骆梅英《公与私的论证——民营化后公用事业企业的职能定位》，载《2008 年上海金融与法律研究院主办"政府规制中的公私合作"学术研讨会论文集》。

对契约的运用分为规制性的与契约型的，对规制性的契约争议，会给予政府更多的尊重。从而普通法契约诉讼规则本身完全可以容纳政府采购或者行政任务外包的契约，美国理论上也有观点认为灵活的契约关系会削弱行政机关的权力并改变司法机关尊重行政行为的观念，并强调通过在契约形成中加入行政规制的一些程序要求来改善。①

实质上，德国最初是通过建构双阶理论来对资金补助关系进行公法上的约束，即将给付合同解释为由行政机关确定获得给付的受给人这一行政行为和后续执行给付的合同两个法律关系构成。双阶理论突破长久以来只对补贴行为进行私法解释的现状，在承认合同存在的同时，借助行政行为使作为批准决定的发放贷款决定受公法的约束，特别是置于基本权利保护（平等原则）和司法控制之下。②这一理论在20世纪50年代中期后逐渐获得多数学者的支持，也对法院判决产生了积极的影响。③由于1976年《行政程序法》的出台确认了行政合同这一行为形式，再加上《行政法院法》对一般给付诉讼和确认诉讼的定位，从而在学说上开始认为可将给付关系整体理解为行政合同，寻求行政法院的救济，法院判决也有此走向。④但是，也有学者认为，行政合同的处理方法无法很好地保护被拒绝申请从而未能签订给付合同的申请人，因此，仍然需要在行政合同之外，再附加给付决定这一行政处分，并且，法律关系上既可以选择行政行为与行政合同的构成，也可以选择行政行为与民事合同的构成。⑤

日本立法上对给付的行为形式规定得较为具体，因此，判决上往往以实定法的特别规定进行判决。但是，学说上，针对合同究竟是何种性质，

---

① 参见［美］朱迪弗里曼《契约国家》，载《弗罗里达州立大学法律评论》总第28卷，2000年秋季号。此论文被收入朱迪弗里曼：《合作治理与新行政法》，毕洪海、陈标冲译，商务印书馆2010年版，第564页。

② ［德］哈特穆特·毛雷尔：《行政法学总论》，高家伟译，法律出版社2000年版，第427页。

③ 参见沈政雄《资金交付过程之行为形式论——德日学说及实务之比较》，《植根杂志》第14卷第12期。

④ 参见［日］米丸恒治《私人行政——法的统制的比较研究》，洪英等译，中国人民大学出版社2010年版，第47—48页。

⑤ 参见［日］米丸恒治『資金助成行政の行為形式論 -3完- 西ドイツ行政法学および裁判例の理論とその問題点』，《名古屋大学法政論集》108卷（1986），第530页。

以何种行为构成，也存在"形式的行政行为"之理论构成。该理论主张给付法律关系是由行政行为构成，但并不是行政立于优越地位以公权力单方发动的行为（传统的行政行为），而是"未伴随公权力实体的形式概念"的行政行为，即"形式的行政行为"，是对本来不具有公权力的非权力性的行政活动做出形式性、技术性处理，将其当作行使公权力的行为，使之成为撤销诉讼的对象。[①] 当然，也有诸多学者认识到仅通过形式的行政行为无法保障给付行政的持续性，必须辅以契约的形式。[②] 立法政策和司法制度逐渐也肯定了给付者和受给人之间公法契约的存在。行政合同可以通过行政诉讼法上的当事人诉讼而非撤销诉讼来进行争议。[③] 2003年日本开始实施的新《社会福利事业法》，就将传统的给付措施分为依申请的行政行为和利用者、提供者之间的契约，赋予利用者更多自我决定的空间。一方面，在认定程序和合同订立的前提下，给付决定这一行政行为仍发挥着重要作用，行政规范中的基准也约束着合同的合意，但另一方面，利用者和提供者也可以通过合同形成较为对等的关系。[④] 从日本的立法与判例中可以看出，对于公用事业的供给，例如燃气、水、电力等，通过行政合同缔结过程中"非正当理由不得拒绝"的约束，[⑤] 来保证给付，而无须行政行为来缔结合同。但对于一些特定领域的给付，考虑到在确定给付的对象上需要行政机关进行特别的审查和甄别，还通过法律特别

---

① 参见[日]池田敏雄『形式的行政行为』，[日]成田赖明编『行政法の争点』（新版），有斐阁1990年版，第62页。
② 参见[日]小早川光郎『契約と行政行為』，岩波講座『基本法學 4—契約』，岩波書店1983年版，第126页。
③ 参见王天华《日本的"公法上的当事人诉讼"——脱离传统行政诉讼模式的一个路径》，《比较法研究》2008年第3期。
④ 参见[日]原田大樹『福祉契約の行政法学的分析』，法政研究，69卷4号，2003年，第765—806页。
⑤ 例如志免町拒绝供水案件（最判平成11年1月21日民集53卷1号13页）。该案事实是志免町因为人口的激增和地形的因素，确保供水水道相当困难。该町修改供水规定，规定了拒绝给超过一定户数的共同住宅供水。房地产公司×计划建设大厦，申请签订给420户的大厦供水契约，该町拒绝缔结该契约，因此，×以拒绝决定违反水道法第15条第1款的"正当理由"提起诉讼。最高法院判决指出"正当理由"指的是"供水企业经过正常的努力仍然不得不拒绝供水的理由"，对于缔结供水契约的申请，供水公司根据适当合理的供水计划无法供水，拒绝签订该契约具有"正当的理由"。

规定，要求对某些理解为行政合同的行为提起撤销诉讼，即针对形式的行政行为的诉讼。《生活保护法》第 69 条、《国民年金法》第 101 条甚至还都规定有复议前置的程序。[①] 介护保险也采取了行政行为与行政合同复合的结构，[②] 这都与给付对象是否需要行政特别加以审查有关。

可见，德日两国在立法和司法上承认行政合同的情况下，都有将承担给付的"合同"纳入行政合同法律关系的趋势。但在一定领域适用行政合同的同时，也仍然在诸多领域保留了适用行政行为与（行政或民事）合同共同构成法律关系的形式。如果立法上明确行政行为在先，则给付表现为行政行为和后续的合同两个法律关系非常明确。如果立法没有明确行政行为在先，则就可以在司法判断中解释出类似德国的双阶法律关系或类似日本的形式行政行为。这两种解释方法都是为了析出使合同法律关系得以成立的"行政行为"，在受益人资格需要行政机关进行实质审查以及受益人和利害第三人权益需要特别保护的情形中尤其具有运用的价值。

必须指出的是，尽管以上的理论来源于德国和日本的给付行政，但是德国和日本的保障房给付关系并未在制度上被认为完全可以适用行政合同或双阶理论。德国将社会住宅[③]的租赁视作私法关系。行政机关会预先审核保障房申请人的资质，若申请人符合条件，则做出预登记决定，授予申请人轮候资格。而最终出租住房的社会组织或企业选择合适的候选人这一行为则是私法行为。德国实质上是通过在《住房资助法》上规定主管机关在委托决定或委托合同中有权要求接受资助的房地产运营组织或企业将住房出租给获得主管机关资格认定的权利人，而不是将社会住宅租赁合同认定为公法关系，来干预提供给付的私人主体的合同缔结自由，确保最终受给人的权利。此外，为了确保一些严重传染疾病和宗

[①] 参见［日］芝池义一『行政法総論講義』，有斐閣 2006 年版，第 247 页。

[②] 日本《介护保险法》（关于长期护理老年人的保险法）规定，首先要由市町村审查相对人要求护理的申请，这一步需要非常专业的审查和判断，由市町村做出相对人可获得护理的等级的行政决定，然后获得护理服务资格的受给人再与服务提供者签订契约。

[③] 德国的国家资助住房政策有很多类型，但与我国保障房制度相对应，通过国家资助私人主体提供保障房的形式主要是社会住宅。主要是指国家资助兴建或符合相关标准获得国家资助的非营利组织或企业运营的住房，以限定的租金出租给中低收入人群。参见 Björn Egner, Housing Policy in Germany–A Best Practice Model? Friedrich Ebert Stiftung Briefing Paper Shanghai, Jan. 2011, No.4.

教信仰不被私人主体排除，主管机关还可以对私人主体拥有提名至少三名候选承租人或指定承租人的权利。① 日本司法裁判上则一般认为确认公营住宅②入户者的决定是行政处分，即公营住宅租赁关系的构成属于行政法律关系的范围，但公营住宅使用关系和私人间租赁关系并无不同，类似双阶段的法律关系。一般判示民法、租赁法、公营住宅法和基于此的条例是一般法和特别法的关系，后者优于前者适用。③ 并且最高法院的判决基本割裂了处分和使用关系这两个阶段，将后续使用阶段违反公法义务的行为仍然适用民法的原则。最高法院（1984年12月13日的判决）关于公营住宅项目负责人以居住者擅自翻盖为理由，基于公法上的租赁义务要求，请求居住者腾出住房的争议，对于这种公法上的腾退义务是否同时使用司法上的信赖关系法理，法院认为，"公营住宅法的使用关系，不能否定其作为利用公的营造物的利用关系公法的一面，该法规定了，对于居住者的募集应该通过公募的方法，居住者必须是具备一定条件的人，项目负责人应该以一定的基准、公正的方法选考出居住者。并且，特定的人要成为公营住宅的居住者，必须从项目负责人那里得到使用许可，但是另一方面，居住者得到上述使用许可设定了项目主体和居住者之间的使用关系，这种使用关系既受该法和条例的规制，又基本上与私人间房屋租赁关系没有区别，应受到契约关系的规律，应该适用信赖关系的法理。"④ 但德国和日本制度的定性并不妨碍运用行政法律关系来讨论我国保障房的租赁与买卖关系。因为，德国和日本的保障房给付基本

---

① 参见胡川宁《德国社会住房法律制度研究》，《社会科学研究》2013年第3期。
② 日本狭义的公营住宅指的是基于公营住宅法地方公共团体接受国家的补助而建设、管理的住宅。
③ 参见［日］小高刚『公共住宅をめぐる法律上の諸問題』，ジュリスト第539号，1973年。
④ 参见［日］野呂充『公営住宅の使用関係—近時の最高裁判例を中心として—』，広島法学，18卷1号195—235頁，1994年7月。

都是以租赁关系为内容,[①] 而且提供出租的主体也主要是非营利的社会组织和市场主体,并不存在类似我国的公有住房分配和保障房的买卖关系。所以,德国和日本的给付行政理论从其他制度领域发展而出的关于行政合同和双阶法律关系的理论仍然对我国保障房租赁与买卖关系提供了有益的启发。

二 行政协议的适用空间

在保障房租赁和买卖过程中,行政合同的好处在于,其能一定程度确保保障房由适当的人居住且被正当使用。在适用民事合同存在局限的情形中,通过保障房买卖双方或租赁双方建立行政合同法律关系,可以约束承担行政给付任务的企业这一方,使其意思表示和合同履行行为受到公法规制的约束。例如,房地产企业对房屋价格和租赁价格的调整、对房屋租赁服务的供给水平都要服务于国家保障公民住房权利这一目的,即使相关行政规范并未具体规定价格和服务水平,但根据这一目的,行政机关和法院也可以解释出在这个合同中,房地产企业应当受到的相应约束。特别是,在这类合同中,权利义务内容的形成过程也将与私法合同不同,其权利义务的安排不能全由房地产企业与购房人或承租人通过意思自治而形成,除了要符合民法上基本原则的要求,还要符合行政法律规范的要求,而且在必要时,程序上也需要购房人和承租人参与。

我国《行政诉讼法》的修正为行政合同的救济打开了空间。除了征收补偿协议、政府采购合同以外,给付行政过程中形成的大量合同是否可能在将来的诉讼实践中被纳入审查,将是司法实践的重要课题。但观察迄今为止法院的实践,在给付行政中运用行政协议的空间仍然是非常有限的。

2015年《最高人民法院关于适用〈中华人民共和国行政诉讼法〉若

---

① 尽管德国也存在国家在购房贷款上提供资助,鼓励私人购买住房的政策,但其并不同于我国以国家提供资助、限制售房价格为形式的经济适用房政策。保障性住房主要表现为以租赁为主的社会住房。参见 Volker Kreibich, "The End of Social Housing in the Federal Republic of Germany? The Case of Hannover", *Espace, populations, sociétés*, 1986, Volume 4, Number 1, pp. 85-97。日本的公营住宅也是租赁的形式。

干问题的解释》将行政协议解释为"行政机关为实现公共利益或者行政管理目标,在法定职责范围内,与公民、法人或者其他组织协商订立的具有行政法上权利义务内容的协议"。然而,在审判实践中区分行政协议与民事合同并不容易,特别是该司法解释所规定的"为实现公共利益或者行政管理目标"更不易把握、定位,法院对于确认行政协议的判断,也比较谨慎。① 从行政协议诉讼建立以来的审判实践来看,法院除了确认在法律修改前司法审判中已经形成较多共识的教育委培合同属于行政合同,以及通过公布经济行政领域典型案例将国有土地使用权出让合同纳入行政协议以外,② 很少将其他合同纳入行政协议的范畴。③

将保障房的租赁买卖协议纳入行政协议更是不易。首先,签订买卖和租赁协议的房地产开发和运营企业如何认定为"行政机关",法律上和司法裁判上都未有明确的根据。如果严格根据"法律法规规章授权组织"的要求,则更难认定。其次,租赁或买卖协议的权利义务若认定为行政法上的权利义务,与法律界一般所认为的租赁、买卖协议的性质相差甚远。诸多法院判决也都以出租人是事业单位法人,而非行政机关且房屋管理服务、设备维护等租赁经营权不具有单方的行政强制性为由,认定公房合同为民事法律关系。④

然而,值得重视的是,在有关公房租赁合同的诉讼案件中,在行政诉讼法(2015)纳入行政协议前,已经有判决提出了公房合同是行政合同的论断。法院认为:"房管局通过行政职权将其所管理的公有房屋使用权以

---

① 参见李福忠《新行政诉讼法确立的行政协议诉讼制度初探》,《山东审判》2015年第4期。

② 最高人民法院在"萍乡市亚鹏房地产开发有限公司诉萍乡市国土资源局行政协议案"中明确体现了其态度转向,用典型案例推翻了先前的司法解释["关于审理涉及国有土地使用权合同纠纷案件适用法律问题的解释"(法释〔2005〕5号)],国有土地使用权出让合同不再是民事合同,也不再由民庭管辖,而是行政协议,今后由行政庭审理。

③ 笔者通过"中国裁判文书网",在"行政案件"目录下,查询了关键词"行政协议",发现2015年以来,主要的案件争议就是征收补偿协议,此外,教育委培协议和土地出让合同是明确被确认为属于行政协议,纳入行政诉讼,但这些案件争议的数量明显较少。

④ 参见徐欢、勇建《公房租赁姓"民"不姓"行"法院依法驳回原告诉讼请求》,《江苏法制报》2006年11月30日第A01版。赵增强与开封市房产管理经营总公司鼓楼房管所申请撤销公有住房租赁证案〔2011〕汴行终字第47号。

租赁方式配置给承租人使用，其与承租人所签订的房屋租赁合约具有行政合同的法律特征，被告单方面变更房屋承租人的行为是具体行政行为而非民事行为。"① 当然，此处的行政合同在当时的行政法体系内，可能只是被称作"行政合同"的具体行政行为罢了，而法院只不过为了将变更租赁人的行为认定是行政行为，从而纳入撤销诉讼的审查。但至少，这提出了将合同视为行政法律关系的可能性。

此外，行政协议被纳入行政诉讼受案范围后，也出现了第三人主张公房出售协议是行政协议的案件。② 该案上诉人作为公房安置人口主张，区房屋土地管理中心与公房承租人签订《成本价出售直管公有住宅楼房协议书》的行为系执行区政府委托的行政职权的行为，且该行政行为侵犯了其作为被安置人口及共居人购买公有住房的权利。尽管法院并未支持这一主张，仍然认为公房承租人与区房屋土地管理中心签订的公房出售协议，协议的目的和主要内容均不符合行政协议的法定要件，但是，第三人的主张的确体现了公房出售协议适用行政协议的必要性和未来的可能性。因为，对于谁具有购买资格的判断，涉及公房的福利分配问题，应属于行政权行使的领域。若将此类争议纳入民事领域，其背后的隐患是，国家对公民的保障或者说生活资料的分配问题，可能会变成公民家庭内部的民事争议。协议的第三方难以通过行政诉讼主张自己的权益，只能通过民事诉讼请求法院确认出售协议无效来实现。

三 双阶法律关系的运用

正如上文所言，民事合同难以解决产权买卖的保障房收回问题和公有住房租赁权产权化争议。此外，受益人请求缔结合同的权利、合同第三人在合同缔结和合同履行阶段提起相关诉讼的权利，也需要拓展行政合同以外的途径加以保障。因此，仍有必要讨论双阶理论的意义。双阶法律关系中，第一阶段行政行为的认定在缔约的环节上有利于保护受益人的权利。如果仅是民事合同的话，对于是否缔约很难约束，因为没有具体的请求权，

---

① 李乃胜诉南京市建邺区房地产管理局行政合同变更行为案〔2002〕建行初字第40号。
② 陈喜诉北京市西城区人民政府的二审裁定书，〔2016〕京行终250号。

但认定为行政行为,则可以在撤销诉讼或课予义务诉讼中予以审查。不过,反过来,在给付物返还请求上,行政行为的认定将更有利于行政机关有效快捷地通过行政强制的手法实现给付利益之返还,反而对受益人来说,必须提起撤销诉讼才可拒绝返还。

首先,在保障房买卖关系领域,实质上根据《经济适用房管理办法》的规定和司法实践,形式上已出现类似依据"双阶法律关系"而将经济适用房买卖划分为分配决定和租售合同两个阶段。《经济适用住房管理办法》第 27 条规定,由市、县人民政府经济适用住房主管部门发放准予购买经济适用住房的核准通知,然后按照收入水平、住房困难程度和申请顺序等因素进行轮候。尽管资格确认之后还要进入轮候,最后买卖合同缔结是基于轮候和选房程序的结果,但实质上经济适用房买卖轮候和选房程序也是由行政机关组织,主管部门基于选房结果还会对购房人做出选房确认书的决定。① 其后,购房人再与开发商签订购房合同。②

司法实务上,对于购房人违反五年内购买其他住房,有关合同解除争议的,现有判决显示,当事人主要通过行政诉讼主张撤销行政机关做出的"解除合同并收回住房的决定",而不是通过民事诉讼争议合同解除行为。③ 在深圳市的一系列案件中,深圳市中级人民法院认为,根据《经济适用住房管理办法》第 31 条的规定,已经购买经济适用住房的家庭又购买其他住房的,原经济适用住房由政府按规定及合同约定回购。根据《深圳市经济适用住房管理暂行办法》第 41 条的规定,因已购买其他住房事由退出已购经济适用住房的,其原购买的经济适用住房,由住房保障管理部门或原产权单位按照原价格并考虑折旧和物价水平等因素进行回购。因此,深

---

① 参见上海市住房保障房屋管理局《上海市经济适用房管理试行办法》第 19 条第 3 款:"申请户购买、租赁经济适用住房的,应当先与区(县)住房保障机构签订选房确认书,然后签订《经济适用住房预(出)售合同》或者《经济适用住房租赁合同》"。

② 例如《上海市共有产权保障住房管理办法》第 21、23、25 条规定了由区(县)住房保障实施机构对符合资格的申请人进行审核登录,之后进入轮候和选房程序,申请人选定共有产权保障住房的,应当签订选房确认书,并与开发建设单位签订购房合同,与房屋所在地区(县)住房保障实施机构签订供后房屋使用管理协议。

③ 笔者通过"中国裁判文书网",以"经济适用房"为关键字进行了检索,发现此类行政案件争议主要出现在近两年,以深圳市法院的数十件案件为代表,未发现民事案件有争议的经济适用房合同解除的案件。

圳市住建局据此做出《解除合同并收回经济适用住房通知书》，即"住建局做出的经济适用房收回决定，是依法对经济适用住房履行监管职责的行为，非仅行使合同的解除权"[1]。在北京市海淀区房屋管理局与唐某的行政案件[2]中，经济适用房购房人唐某经过审核符合申购经济适用房资格，并已经与开发商签订了预售合同后，房管局才发现其申报的收入有隐瞒，随之做出撤销资格决定。在法院一审、二审均判决撤销该通知书后，房管局再次根据调查结果做出《资格取消通知书》。其后，海淀区人民法院支持了该行政行为，取消了唐某的购房资格。

可见，在保障房的买卖关系中，立法和司法上都更倾向于经济适用房买卖区分为行政行为和合同两个阶段的法律关系，而不是像租赁关系那样，仅通过民事合同来处理合同解除或无效的问题。这的确与一般的常识相悖，因为物权的交易本是双方意思自治之决定，很难想象物权取得要通过行政机关的意思表示才能成立或撤销。其中的缘由，可能在于买卖关系的标的物较为贵重，对购房人权利影响较大，远甚于租赁关系，若要依据公法上的义务而解除买卖关系，解除合同或确认合同无效对购房人而言都并不容易。因此，实践中都是由行政机关通过撤销购房资格或废止购房资格等方式实现公法上的目的。

进而，以上案件法院的判决还显示出两阶段效力"并存型"的思路。"并存型"认为，在民事合同成立之后，公法关系和私法关系仍相互作用、独立存在。如在民事合同履行期间，有关行政上目的之保护的争议，仍可提起行政诉讼。如果行政给付决定无效，则第二阶段的合同也不产生效力，应视为自始无效，可以径行请求相对人返还；而当行政给付决定有效，但出现可以行使废止（非撤销）权限时，则该废止权限即可产生第二阶段中的合同解除权。

具体而言，若因受给人提供的资料违法而撤销购房资格，后阶段合同应推定自始无效。当然因行政机关的职权违法而撤销，受给人的信赖利益应予保护。北京市海淀区房屋管理局与唐某的行政案件就属于违法撤销购

---

[1] 潘美凤、谭耀华、谭淑兰与深圳市住房和建设局行政纠纷案〔2016〕粤03行终154号。
[2] 〔2011〕一中行终字第3370号。〔2012〕海行初字第00242号。

房资格从而推定预售合同无效的情形。若受给人购房后不再具备相应的条件，行政机关废止该购房资格，后阶段合同自然解除。上文深圳市一系列由住建局解除合同并收回住房的决定则属于这一情形。在同时存在行政行为和合同约定条款的情况下，除非立法政策上明确规定必须先争议行政行为的合法性，否则受给人应有权选择争议的途径，特别是诉讼法上对于行政行为和合同争议的时效和起诉要件应存在差异。

这种双阶段法律关系认识方法的益处在于，一方面有利于保护购房人，其可以通过争议撤销或者废止购房资格（或购房确认书）来要求审查行政机关行为是否违法（其是否存在违反法定事由的情形），也有利于保护购房资格认定有利害关系人的权利，其可以通过争议购房资格通知书主张权利；另一方面，对于主张合同无效的行政机关来说，也可以较为有效率地收回房屋。其中的问题在于，现有的规定以及合同条款中，没有处理好公法和私法的关系，特别是解除合同主体和收回房屋主体的关系。例如，住房保障部门的权限就是判断申请人是否符合资格，以及对不符合资格者停止提供相关房屋。购房人是否违反行政法律规范的规定，主张合同无效则应由合同的出售方来提出，而不应由住房保障部门来行使解除合同的权利。然而，深圳、上海等地的经济适用房买卖合同中，尽管出售方为房地产开发公司，但合同条款中有权主张解除合同、收回房屋的却是住房保障部门，在法理上有不通之处。

其次，在保障房租赁关系领域，立法和司法上一般都更倾向于通过民事合同来调整相应的法律关系，但双阶关系仍有适用的特定情形。

一方面，在有关公房凭证的诉讼案件中，适用双阶法律关系可以促使由行政机关来决定谁有权承租公有住房以及保障利害关系人享有通过行政诉讼争议租赁户名（合同缔结）的权利。司法上已有诸多判决将租赁关系的建立和解除认定为行政行为，从而出现变更租赁凭证的行政法律关系与租赁协议两个法律关系阶段。这些案件基本的事实关系都是公房的原承租人或其共同居住人在不知情的情况下，房管部门变更了租赁凭证或租赁协议的权利人，从而起诉要求法院审查该变更行为是否合法。争议焦点在于，变更承租人这一行为是民事合同行为还是具体行政行为。刘某某与北京市西城区人民政府公有住房租赁纠纷上诉案①以及李乃胜诉南京市建邺区房地产管理局行政合同变更行为案②中，原告都是作为承租人主张房地局或房地经营管理中心变更承租人的行为是具体行政行为，法院都支持了原告的主张，主要理由就在于，变更行为属于行政机关的法定职权，而且公房的租赁权具有物权的属性。李乃胜案审判法院的法官在其后做出的登载在《中国审判案例要览》解说③中，更是明确地提出了公房的公共属性、公房的承租权的价值属性都需要由行政机关对行为进行实质审查。此外，司法上也出现了原告是与合同缔结和解除有利害关系的同住人，向法院提起行政诉讼要求撤销公房租赁证。在王夕诉常州市房管局撤销公房租赁证案中，常州市中级人民法院就确认了这一行为属于行政诉讼的受案范围以及同住人的原告资格，并且认为，该行为属于行政诉讼的受案范围，市房管局未尽合理审慎职责，在没有证据证明原告即同住成年人同意承租的情况下，向第三人颁发了被诉公房租赁证，该公房租赁证应予撤销。④这种认定方式，不仅有助于通过行政程序和行政行为的合法性审查促进公房资源的合理分配，而且有助于保护承租人包括潜在的承租人合法享有具有物权属性的权利。

另一方面，公共租赁住房的租赁关系也有适用双阶关系的空间。公共租赁住房租赁与经适房买卖有所不同，其轮候与选房都是由运营机构和产权人自己来决定。例如，上海市《闵行区公共租赁住房租赁管理办法》规定上海市闵行区住房公共租赁住房投资运营有限公司（以下简称区公租房运营机构）受区保障房屋管理局委托，具体负责公共租赁住房申请受理审核、房源供应和租赁运营管理工作。并且，对于申请人的申请，区公租房运营机构经审核应向申请人出具准入资格确认书，并登记为本区公共租赁住房轮候对象。⑤与德国和日本相似，公共租赁住房租赁关系从出租人的

---

① 〔2010〕一中行终字第1685号。
② 〔2002〕建行初字第40号，该案同时记录于《中国审判案例要览：2004年行政审判案例卷》31号。
③ 《中国审判案例要览：2004年行政审判案例卷》31号。
④ 参见周雯、高国俊《欠缺同住成年人书面同意的公房租赁证应撤销——江苏常州中院判决王夕诉常州市房管局撤销公房租赁证案》，《人民法院报》2011年3月31日006版。
⑤ 上海市《闵行区公共租赁住房租赁管理办法》第3条和第11条。

性质和租赁本身来看,都应属于民法的范畴,仅主管部门对受益人资格的认定可以视为行政行为。我国现有的司法实践中,涉及租赁合同效力也一般都通过民事诉讼来解决。[1] 然而,如果不对运营机构选择承租人的权力加以约束,现实当中就会出现公租房运营机构滥用保障房分配权的现象,有的甚至为了方便日后更易腾退而宁可空置也不与轮候的承租人签约。当主管部门无法通过委托合同约束运营机构时,则只有通过将公租房租赁合同的缔结认定为行政行为,使其收到行政程序和合法性审查的约束。并且,民事诉讼中对当事人是否符合保障房租赁条件进行审查,从举证责任和审查能力等角度来看,都不如行政诉讼的审查更能达到保障房公正分配的目的。诸多有关廉租房、公共租赁房腾退案件的判决显示,在现有的民事诉讼中,法官会判断承租人的行为是否违反立法上要求无房以及收入条件的规定。例如,在兰溪市房地产管理处与许惠方房屋租赁合同纠纷一案[2]中,原告认为被告承租人妻子名下有房,不符合承租廉租房的条件,要求其腾退住房,被告认为是原告自己最初审查资格未尽到告知和审查义务,法院支持了原告的主张。而这类案件如果通过行政诉讼审查租赁决定的合法性,可以更好地实现公租房分配给符合条件的承租人。其实,上述公房租赁凭证变更案件中法院将变更行为认定为行政行为的判断方式就可以为公租房租赁协议两阶段法律关系的认定提供参考的渊源。此外,最高人民法院行政审判庭公布的关于土地出让拍卖公告属于行政行为的裁判要旨也提供了如何从民事合同中解释出行政行为和合同两个阶段的审判思路。在湖南泰和集团股份有限公司诉湖南省岳阳市人民政府、岳阳市国土资源局国有建设用地使用权拍卖出让公告案[3]中,法院认为,"国家作为土地所有者,通过行政管理机关的上述活动,为出让做准备工作,这是单方行政行为"。"拍卖和拍卖公告"作为出让合同签订前的准备过程,是行政机关为了合理开发利用土地所实施的对公民、法人或者其他组织的权利义务产生实际

---

[1] 笔者在"中国裁判文书网"上未查询到通过行政诉讼争议廉租房或公租房合同解除的案例,查询到近五年有关廉租房、公租房腾退案件,特别是涉及承租人一方经年度审查不再符合房屋租赁资格被要求腾退的争议案件,都是通过民事合同诉讼解决的。

[2]〔2015〕金兰民初字第 1332 号。

[3]《中国行政审判案例》第 45 号案例。中华人民共和国最高人民法院行政审判庭编:《中国审判案例》(第 2 卷),中国法制出版社 2011 年版,第 27—33 页。

影响的行为,[①] 从而将当时作为民事合同的土地出让合同的要约邀请阶段解释为了行政行为。

第三节　私人承担给付行政任务的法律关系构成

上文所述的保障房租赁与买卖是我国现今给付行政领域的一个重要组成部分,而其所展现的公私法适用难题也是社会和市场主体参与给付行政所引发的新课题。

传统的给付行政法律关系是行政主体与相对人之间的单方行政法律关系,一般由行政给付行为所引发,通常出现在以金钱为给付内容的行政活动中。然而由第三方私人主体承担给付任务的法律关系远远复杂于上一种类型,它往往出现在以给付产品或服务为内容的行政活动中。在第三方私人主体承担给付任务时,通常不是由行政机关直接做出给付决定,而是需要由行政机关直接资助或减免性补贴第三方,再由第三方来生产、制造某种物品或服务,并给付给最终享有受给权的主体。例如,公立学校对学生提供的义务教育,各类学校接受国家资助对学生提供的教育服务,企业向残疾人提供就业岗位,公立医院对有医保的病人提供的诊疗服务,房地产开发企业向低收入群体租售的保障房,公共交通、邮政、水电等公用事业向居民提供的普遍性服务等都属于此种类型。

而我国给付行政的诸多福利又是从计划经济时代全能政府对生活资料的分配转变而来的,从而带来了福利权和产权（例如公有租赁住房）、特权（例如人才公寓、与行政级别相匹配的医疗保险等）难以区分的现状。近十年的福利改革又与产业发展关系密切,出现了许多诸如经济适用房那样福利与产权的共生品,加剧了法律关系认定的复杂性。

从上文对保障房租赁与买卖法律关系的研究可见,对我国私人承担行

[①] 参见中华人民共和国最高人民法院行政审判庭编《中国行政审判案例》（第 2 卷）,中国法制出版社 2011 年版,第 27—33 页。

政给付任务的法律关系进行判断，既要结合具体领域给付物的上述特点，又要与我国行政诉讼的具体制度相适应，更要考量私法本身的可容纳性。在民事合同无法实现公法目的的领域，才有必要在立法和司法上建构行政合同或双阶法律关系来加以保障。本书的研究从某种程度上来说，也是对我国公法私法关系的一次探索，其包含的问题意识相信可以在未来的公私法关系研究上更深入地展开。

第六章　住房租赁关系的行政法规制

第一节　住房租赁行政规制的必要性

在 2016 年 12 月结束的中央经济工作会议上，中央决策层明确提出"要加快研究建立符合国情，适应市场规律的基础性制度和长效机制"，并同时提出"要加快住房租赁市场立法"。可见，经过多年的制度博弈，通过稳定的租赁关系来解决居民的住房困难这一政策方向终于从鼓励房地产开发的政策中冒出头来。

一　租赁价格上涨的背景

无论从理论还是实证分析角度看，租赁收益与商品房保有是呈现正向逻辑关系的，即租金收益率越高，持有商品房的信心越足。而在极端情况下，即使租赁收益不能满足正常理性收益（比如一年期存款和同期国债收益），商品房保有偏好依然会强化。其原因是，金融杠杆所导致的住房价格上涨，能够抵消正常理性收益的不足（目前一线城市如上海的租金收益率平均在 2% 左右）。同样住房价格实际的上涨，也必然推动住房租赁价格的上涨。因此，租赁收益与住房保有的信心基础，即使住房价格不上涨，租赁收益上涨也会成为保有住房多套的充分理由，同时住房价格上涨可以推动租金被动和主动上涨。

近几年随着房地产全国调控政策实施的不断加强，一方面，各地房价趋于稳定，呈现二手房成交量下滑的总体态势；另一方面，房地产市场的重要领域却出现了住房租赁价格的快速上扬。各地统计数据显示，北京 2018 年 7 月房租同比上涨 21.89%，上海同比上涨 16.46%，深圳同比上涨 29.68%，而热门二线城市成都同比上涨 30.98%，合肥同比上涨 24%，宁波同比上涨 19.9%……上述城市住房租赁价格的上涨，固然有通常理解的"毕业季"和"人才引进落户"因素，但最为根本的可能是政策导致的资本对租赁物业的垄断。租赁价格的快速上涨，将导致严重的房租可负担困难。以北京为例，其城市 2018 年 7 月全市住房租金价格已经达到 92.33 元／平方米，显然已经大大超越平均就业工资水平的可支付能力，北京最新平均工资收入 8467 元／月，按老式公房 35 平方米可租住房，租金价格 3500 元计算，租房租金价格占名义工资收入比为 41%，远高于国际租房租金价格占实际收入不超过 30% 的比例。而这个现象如果不能正确、有效对待，将极大地影响当下房地产调控的总体部署，会长期持续地削弱相关城市的可持续竞争力，同时还严重损害了公民的最基本住房权利。

分析近十几年中国人口净流入城市租赁住房租金价格变动曲线，可以发现，其出现持续、快速、陡峭上涨的起始点始于 2015 年 3 月。这一现象的背景原因是，住房和城乡建设部于 2015 年 1 月发布了《关于加快培育和发展住房租赁市场的指导意见》，该指导意见明确提出：鼓励成立经营住房租赁机构，建立长租机制和社会房源购买机制，并辅助以房地产投资信托金融手段支持。随后，2016 年 6 月国务院办公厅发布《关于加快培育和发展住房租赁市场的若干意见》指出，加大政策支持力度，对住房租赁企业给予税收优惠和金融支持。2017 年 7 月住房和城乡建设部等部门又发布《关于在人口净流入的大中城市加快发展住房租赁市场的通知》，提出培育机构化、规模化租赁市场。2015 年到 2018 年，国务院办公厅、住房和城乡建设部等部委先后出台 6 个文件，大力发展住房租赁市场，以改善传统上中国住房市场结构性缺陷。这些政策的初衷与方向无疑是正确的，产生的效果也是积极的。但是在近几年的现实操作中，由于相关政策设计配套缺陷，产生了中国主要城市住房租赁价格的快速上涨的问题。核心原因在于，由于专业化经营住房租赁机构和规模化租赁平台的出现，并且这些机构得到的税收，特别是金融政策的支持，导致原本分散、碎片化的纯市场租赁行为向以金融力量进行大规模收购、垄断房源方向发展。例如：链家旗下的自如 2018 年 1 月 A 轮融资 40 亿元人民币，蛋壳公寓 2018 年 6 月 B 轮融资 1.75 亿美元，这些手握巨资的公司进入租赁市场，大举扫货。

2015年1月成立的蛋壳公寓进入北京、上海、深圳、杭州、天津、南京、武汉、广州8大城市，收货房源8万套，2018年目标达到30万套。住房租赁市场自资本介入后，以做大营收规模上市为目的，这些平台与专业租赁机构大举囤积可租房源，快速抬高租赁价格，导致畸形租赁市场出现，而且这种现象在大量的资本推动下，有继续蔓延之势。

二　一线城市住房租赁的困境

客观分析目前一线城市住房市场，我们可以清楚地看到，主要的核心问题并不是住房总量不足，而是住房价格水平远超于可负担住房标准（国际可负担住房水平是住房支出占家庭年收入不超过30%）。以上海为例，目前上海户均保有住房3.8套，完全可以满足城市居民和流入人口的居住和租赁需求。但以可负担住房价格水平衡量，上海家庭住房支出占家庭年收入的比重在2006年根据央行测算就高达45%，近十年上海住房价格涨幅相当于M2货币发行总量，即年化14%，而社会平均工资总体年化涨幅水平仅为货币发行增幅的一半，因此可以得知目前上海家庭住房支出占比已经达到了令人吃惊的程度。同样以住房租金水平衡量，以价格涨幅来看，上海住房租金价格在高基准下，2014年开始保持持续上涨，其中2015年全年涨幅高达20%，截至2015年底，统计显示，上海租房平均价格为74.9元/平方米。而2016年最新大样本调查统计显示，上海大学生初次就业的平均工资水平在4990元/月，工作一年后平均工资5659元/月。以目前上海租金价格，按目前最低成套50平方米计算，月支出租房价格水平在3500元以上，而如果采用合租两居室（50—70平方米）的方式，租金价格差别相当有限。因此，可以清楚地看到，即使不考虑外来务工人员更低的收入水平，仅以初次就业大学生为样本分析来看，目前上海租赁住房支出收入比高达70%，考虑到中国大城市目前恩格尔系数（仅考虑食物支出）绝对高达25%以上，再考虑交通费、通信费等必要支出的叠加，可以看到外地留沪大学生的实际生活状态。因此，租房租金价格快速上涨的结果，不仅在一个方面促进了居民购买产权住房的欲望，同时最大的问题是，租房租金失控式上涨，已经威胁社会生存的基础。

目前一线城市解决初次就业与流动人口租赁没有明确的目标与对策手

段，其主要是采取公共租赁房的办法。且不谈在城市中心与环线土地资源昂贵，地方政府意愿不足，财力有限等的问题，仅就公共租赁房目前覆盖范围而言，其主要是围绕国有大型企业、国家事业单位的就业员工，而大量中小企业、创业型企业员工，包括更多的社会就业员工完全无法纳入其中。存在着公共租赁房供给不足，成本过高，覆盖有限，难以下沉的尴尬局面。而且从全球横向比较而言，无论是法国，还是荷兰等大量倾注了财政力量的国家，都没有能够通过公共租赁方式解决大城市租赁住房问题。因此，试图通过公共租赁解决大城市住房问题，在理论上存在的误区是，过于相信政府的力量，忽视了市场租赁的调节功能，忽视了行政管理的能力边界，而在实践角度看，分配的公平性，管理的复杂性，成本的持续远不是政府公共能力所能够承担的。以全球最发达的住房租赁国家德国进行样本分析的话，更可以看到，其公共租赁房总规模比例仅占租赁市场的10%左右，大量的租赁行为是发生在社会租赁市场。

第二节　国外的经验与教训

近来，以北京为代表的人口净流入城市居住房屋租赁价格飞速上涨。各方的调查和分析显示，导致这一现象的因素，主要是供给端的短缺。由国家政策所支持的代理经租模式（长租公寓），在住房租赁金融政策的推动下，通过融资抢占房源，直接导致房租价格上涨。在这场各方高度关注的租赁市场风波中，政府是否应该限租的问题被推上了风口浪尖。对于政策制定者而言，限租与否首先要解决以下两个争议点。其一，居住房屋承租权是否是宪法保护的生存权？可否以此限制房屋租赁的合同自由？其二，对租赁市场和租赁关系进行规制，究竟有利于供求平衡还是有害于供求平衡？

一　租赁合同自由与生存权

民法上合同自由的观念在我国房屋租赁关系中根深蒂固，因此要限租首先就要解决限制合同自由的正当性这一问题。

事实上,房屋租赁价格限制,特别是同时配之以租赁合同解约权的限制,在德国、法国、美国和日本等国家都存在或存在过。支持这种限制的法理在于,宪法上公民的生存权保障构成了对合同自由(财产权)限制的理由,而公民可负担的居住房屋承租权是其生存权的组成部分。

以日本为例,战时统制体制确立的租金限制与解约权限制(正当事由制度)一起构成了其战后很长一段时期对承租人权利进行保护的制度。租金管制来源于战时统制经济,但"二战"后政府为了确保民生安定,解决住房困难,仍然加以沿用。

因为租金管制可能导致房屋出租人以租金利润过低而频繁解约,致使出租房屋供给量明显减少,从而制度上又配备了出租人的解约权限制,以保障承租人的居住权益和社会稳定。1941年《房屋租赁法》规定,除非出租人具有"正当事由",否则不得随意提出解约(第一条之二)。

这一制度不仅解决了日本战败后住房短缺的紧张局面,而且为日本战后经济起飞中劳动者的居住稳定提供了重要保障。当时的法院在判断房东解除合同是否具备正当理由时,确立了极为重要的"利益比较原则",比较衡量的核心是出租人和承租人双方使用该住宅必要性的程度。从历史的角度来看,法官们巧妙地运用了"正当事由"的概念,在住房困难时期,给予承租人的生存保障更多的权重,在住房困难有所缓和时期,则给予出租人使用房屋的必要性更多的考量。

当然,租金管制令和解约权限制在战后顺应租赁市场发展都进行了修改。租金管制令的前两次修改放松了管制的范围和程度,目的是促进民间出租人的自力建设,增加住宅的供给,试图在房屋出租人的所有权和承租人的生活利益中取得平衡。1986年第三次修改彻底废除租金管制,但废除的前提在于当时放松租金管制对于承租人生活利益的影响比例已经相对较低。解约权限制也随着租赁供需紧张关系的解除,通过土地和房屋租赁法修改,在20世纪90年代创设了"附期限的房屋租赁制度"(定期承租权),规定租赁合同可以设定期限,租赁期限届满,没有续期的则租赁合同终止。

这种从承租人居住保障角度考虑的立法政策,其正当性来自日本宪法的生存权条款以及基于公共福利限制财产自由的条款,是国家将住房困难的承租人权利保障转移到限制出租人财产自由上的一种制度设计。日本宪法的生存权条款规定全体国民享有健康而文明的最低限度生活的权利,并赋予了国家努力的义务。而其财产权公共福利限制条款则要求财产权的内容要适合于公共福利,这种"公共福利"包含着确保每个人合乎人性尊严地生存这一社会国家性质的目标。从而,当特定时期,租赁市场的供需矛盾直接影响个人最低限度生活乃至基本尊严的情况时,国家可以对租赁合同进行限制,以避免出现侵害基本人权的后果。

以"社会主义"为核心概念的我国宪法毫无疑问有着以上的保障结构。因此理论上限租的正当性依据并不是问题。问题是租赁市场供给短缺损害的后果是否已构成政府介入的条件,以及如何对症下药。值得注意的是,当租金上涨、市场短缺造成居民无法负担甚至无家可归时,租赁市场的不平衡就已经侵犯人的生存权。可负担住房国际上通用的标准是住房支出(包括租金)占到人均可支配收入的三分之一左右。我国少有无家可归者,这归功于户籍制度,但不可否认租金上涨对城市就业人群的实质影响。目前人口净流入城市,租赁住房人群多为流入城市务工者和大学毕业生,他们既没有能力购房,也不属于政府保障房覆盖的对象,市场租赁是其唯一的选择。当然手段上是直接限租还是约束代理经租的金融支持,需要相关部门进行充分研究。

二 限租是把双刃剑

各国的经验证明,租赁价格与解约权限制对租赁市场供需平衡一定是把双刃剑,其在保护承租人的同时,也有可能加剧供给短缺。这一点不仅可以从大量经济学研究限租的成果中发现,而且德国、美国、日本等国家都在一定历史阶段缓和了租赁限制制度也证明了这一点。

以日本为例,由于土地和房屋租赁法上强化了承租人的保障,导致土地所有者和房东宁愿将其闲置也不愿出租,担心一旦出租出去就无法将租客赶走,从而反过来造成了租赁市场的短缺。此外,租赁合同的缔结过程也由于这种对解约权的限制,促使出租人对承租人极为挑剔,对承租人的担保提出更高的要求,制造了承租人获得住房的障碍。经济学界严厉地批评这种租赁管制制度。立法政策中，的确也可以看到，伴随着规制缓和的推进，20世纪90年代开始引入定期租赁权制度，放松对出租人解约权的限制，以促进建设产业的土地供给、提高房屋租赁市场的供给，并促进城市的开发。

然而，即使存在以上的不利后果，政策制定者仍应看到：

（一）租赁规制制度是特定历史阶段的产物，应随市场条件变化及时调整

从日本的经验可以看到，租金管制和解约权限制都是在特定历史时期，对应特定社会和市场环境做出的法律规定，当市场的条件发生变化，相应的规制也发生了调整。租金管制的范围战后随着住房供给量的增加不断被缩小，直至废除。解约权限制在不同市场条件下，宽严程度也极为不同。

在今日我国人口净流入的城市，特定人群在没有能力购房时，连退一步租房的选择都无法负担，而代理经租的企业在资本的支持下推动租金上涨，这些市场条件的紧迫性，政策制定者必须纳入考量。

（二）灵活的法律制度可以较好地应对市场条件的变化

日本房屋租赁合同解约自由在不同历史时期范围迥异。而决定其保护重心不同的法律规定却只有《房屋租赁法》第一条之二的规定："建筑物之出租人非有自用之必要或其他正当事由不得拒绝租赁合同之续期或终止"，其中核心概念就是"正当事由"。法官在不同历史条件下，通过把握判断正当事由的各种因素，并对其分别加以不同的权重，从而构成了对不同市场条件下房屋租赁规制的一种政策回应。

从历史的角度来看，"二战"刚结束时，日本处于绝对的住宅困难时期，围绕正当事由的争议多数是关于生存的绝对条件，那时正当事由制度的机能就是保障经济弱者作为基本生存条件的居住和营业的场所。但是到了20世纪50年代后住房困难有所缓和，生存条件的纷争就逐渐减少。特别是，20世纪50年代后期到60年代初，随着住房供给的不断增加，当承租人被支付了腾退费后，可以在市场上租赁到替代性的房屋，法院就支持了只要出租人提供腾退费，就符合正当事由，放松了对承租人居住保障必要性的强调。

尽管理论上由法院把握租赁规制的强弱程度也存在不利之处，例如法官缺少民主基础，难以对市场条件敏锐把握，但其优势在于可以避免法律条文的频繁变动和行政措施的恣意。北京市近期的对应方式还处于行政约

谈和举报的暂时性行政措施中，从长期来看，需要研究有针对性的长效机制。

综上所述，房屋租赁制度系牵涉人民居住生活的基本问题，绝非仅单纯地以市场机能为根据，以人为的方式加以划分即可解决。换言之，居住生活的问题与交易生活的问题在本质上有所不同，关于前者的立法精神系以弱者的保护为重。

三　国外发达国家住房租金管制的成熟经验

与住房产权市场不同，住房租赁市场的特殊性在于，首先，它是一个国家住房体系的必要组成部分，其健康、稳定、规范和良性运作是维护社会基本秩序的必要前提。城市居民可以没有自己的产权住房，但是不能没有可负担价格的租赁住房。其次，可负担租赁住房涉及公民的最基本住房权益，是城市社会基本生存的底线保障，也是社会阶层多样性的必要前提。所以，世界各国对于住房租赁市场各自建立了符合自身国情的租赁住房管理体系，如德国的家庭出租与机构辅助模式，法国的公共租赁与社会出租模式，美国的市场出租模式等。即使以最市场化的，具有金融工具支撑的美国市场化租赁模式，其长期租金回报率在纽约最低也就是3%左右，最高没有超过6%，而且还保留着一定规模的"控租住房"，并有严格的承租人法律保护机制。因此，住房租赁市场从来就不是一个不需要规制的市场，各国根据自身国情可以设计符合自身制度的租赁住房控制机制。以中国人口净流入城市目前的住房租赁情况分析，目前北京租赁住房人口800万人，上海租赁住房人口920万人，不仅达到了相当的人口比例规模，同时租赁住房人员多为流入城市务工者和大学毕业生，他们本身既是城市经济和价值的贡献者，更是城市相对的弱势群体。而保障城市无房者的可支付居住权益，不仅在经济上涉及居民可持续消费能力，更是体制上对于民生和普通人基本权利的保障。从这个角度说，建立房租控制体制，不仅有符合中国宪法的法理依据，同时更是现代国家治理模式的必要组成。

住房租金规制从法理角度来说，是限制个人的财产自由。但是，"维护社会共同体生存基础"的基本社会共生理念应是做出限制个人财产自由的合法性的基本逻辑。德国无论在历史上，乃至今天都是秉承这一理念的最佳代表。在德国魏玛时代，因为大量人口涌入城市，造成住房短缺，供应不足，德国住房政策采取了对空余住房强制出租的规制化管理，而今天德国则根据市场情况的变化，采取了更为科学有效的"城市租房明镜法制"，即每个城市依据当年人均年收入，规定租金不得高于年收入30%的租房基准，上浮租金属于违法。这一政策目标满足了可负担住房的基本共识，即住房租金价格不高于收入30%的要求。自德国建立起租赁住房规制制度以来，德国的房价是全世界各国波动最小的，保持了长期的稳定，即使在2000—2008年的欧洲地产与金融泡沫经济周期中，德国房价也依然保持了绝对的稳定。相反，西班牙、爱尔兰、意大利等国为房价泡沫上涨付出了巨大的代价，至今陷于债务危机无法解脱。正是由于德国成熟的租金价格规制制度，使得德国制造业在本土保留了大量技术性工人和成熟工程师，未受全球化导致的产业空心化的影响，而这也正是"德国制造"之精髓所在。由于德国进行了成功的租金管制，使得出租人不得以租金上涨为由解除租赁合同，稳定了长期的租赁关系。因此德国的住房私有产权率低于全球平均水平，目前私有产权率为43%，但住房人均面积为欧洲最高水平，达到人均39.8平方米，实现了住房面积水平与价格的最佳匹配，成为全球高收入发达国家住房市场规制的典范，而从未发生人们所担忧的租赁市场的萎缩和供给不足。此外，从历史演化和历史渊源看，德国社会民主党党纲规定"土地是大自然馈赠的礼物，以土地作为牟利行为是不道德的"，德国基本法也规定了人性尊严条款是最基本的宪法原则。

第三节　建立人口净流入城市住房租赁价格控制机制

一　建立住房租赁价格控制机制

住房租赁价格控制机制，也就是所谓的"明镜价格"并不是一个新发明。在住房租赁市场最为成熟的德国，早在魏玛时期就已经开始进行制度建设，"二战"后德国《基本法》的确立，住房租赁的权利保障被视为基本的人权和准公共服务范畴。在政策设计与操作上，德国逐步完善了住房租赁"明镜价格"控制机制。其基本的做法是，由城市管理部门公布每个城市当年的租赁住房指导价格，并作为法定价格，任何租赁行为必须在法律规定的前提下展开，价格制定依据是当年城市平均可支配工资的最高限30%，作为住房租金高限。结合中国目前的房地产相关法律，笔者认为可以结合中国国情，在不修改法律的前提下，借鉴房地产政策调控的经验，在核心城市中建立住房租赁价格控制机制。

（一）建立人口净流入城市住房租赁"明镜价格"指导机制

建立人口净流入城市住房租赁"明镜价格"指导机制的核心指导思想是，必须将城市住房租赁权利视为基本的公民权利保障，将其视为城市公共服务的必要组成部分，并等同于住房购买价格作为房地产调控工作重点组成。在大力推进住房租赁市场体系建设的过程中，借鉴德国成熟的经验，每年度发布城市租赁住房指导价格，该价格的依据以城市平均工资的30%作为依据，并辅以平均工资涨幅作为修正依据，按年度发布实施。考虑到中国的国情，此依据事实上已经远远高于采取可支配收入作为依据的国际通行标准。

（二）对于专业化经营住房租赁机构和租赁平台进行价格审核

考虑到目前主要是金融和房源集中垄断力量是推动住房租赁价格上涨的核心动力，因此，有必要借鉴目前的房地产调控政策经验，对于专业化经营住房租赁机构和租赁平台所出租的房源，不仅需要租赁备案，同时也必须像预售证管理一样，进行价格核定与指导，以防止经营机构和平台利用信息不对称、利用资金和房源集中优势进行哄抬租赁价格和炒作。成立鼓励经营住房专业租赁机构的目的是平抑和保障租赁市场供给，而不是获取短期暴利，特别是利用金融杠杆，在这点上绝对要明确定位。德国的专业的租赁机构能够获得税收减免，是它们履行了社会公共义务和社会公益事业，保持其财务平衡，而不是助长盈利，这一点同样被欧洲的荷兰等国所采纳。

二 修改居住房屋租赁相关法律制度

人口净流入城市的地方人大及其常委会应尽快制定或授权行政机关制定（或修改）居住房屋租赁的相关规定，对机构出租人的解约权进行限制，赋予承租人更多法律上的保护。由于在供需短缺市场上，出租人与承租人地位不对等，因此需加强承租人可议价权。德国的经验证明，租赁价格控制的实现必须配备解约权限制的制度，否则，租赁关系仍处在不稳定的状态，出租人亦可通过解约来实现租金的上涨。因此，目前中国民法所抱有的合同自由的自由主义固定思维，应适应中国的国情和社会发展进行修正。基于房屋租赁权对人的基本生存的重要性，从社会主义宪法的基本价值出发，应对房屋租赁合同自由，特别是价格约定和合同解除条款进行法律上的限制。应尝试引入不定期租赁合同，对于此类租赁，列举规定可以解约的特定情形，并逐步配备解决解约和租金上涨争议的解决机构和机制。当然，基于这种租金和解约权限制也会带来租赁市场供给减少的不利影响，因此不应将其覆盖所有类型的居住房屋租赁，而只应约束以基本居住权利保护为对象的承租关系。政府必须认识到，租金上涨短期可以通过政策来解决，但长效机制需要法律的确认。租赁关系不是简单的市场行为，而是准公共服务的组成部分。

综上所述，住房租赁市场的健康与良性发展，不仅是中国当下房地产政策调控的必要组成部分，同时，我们还应该认识到，与住房产权市场不同的是，住房租赁市场更是公民基本住房权利的保障基础，是检验社会主义宪法本身是否落实的实践工作。从这个角度出发，控制核心城市住房租赁价格在合理水平，完全是国家治理现代化的需要，应该尽快出台相关政策，并加快法律法规修订，以弥补过往住房租赁市场化中的致命缺陷，并保障民生的基本利益。

第七章　居住空间保障的行政法制度[①]

第一节　我国居住空间分异现状与制度原因

　　正义城市（the Just City）的概念由苏珊·S.费恩斯坦提出，她力图发展出与公正相关的城市理论，认为公正的城市是公平、民主、多样的城市，并认为城市政策应该致力于为所有居民提供正义，特别是对低收入居民，而研究者们应该帮助找到实现公正的正确路径。[②]而大卫·哈维早在其开创性著作《社会正义与城市》中就发现了空间发展的不平等是资本主义功能的基础。[③]

　　我国房地产的市场化改革，打破了单位制的空间结构，通过市场的力量，形成了新的居住空间结构。其一方面赋予了住房消费者选择自由，重新定义其社会空间角色；另一方面，也带来了自由市场力量所形成的空间不平等现象。房价的高低自然形成了不同收入人群居住地点的区分，高耸的小区围墙加剧了彼此的排斥，进而学校、公园、警力等公共设施也随着这种土地和房屋的价格高低形成落差。近年来保障房的建设强化了这种不平等。深圳与北京保障房和相邻商品房小区出现了隔离的围墙以及物业服

---

① 本章的内容曾以"城市土地国家所有制下的正义之城实现路径"为题，发表于《浙江学刊》2019年第1期；以"保障房空间的公平性与制度保障"为题，发表于《公法研究》第19卷，2019年11月。以"城市规划与住房保障"为题，载于朱芒、陈越峰主编的《现代法中的城市规划：都市法研究初步》（下卷），法律出版社2012年版。

② See Fainstein S. Susan, *The Just City*, Cornell University Press, 2010.

③ See Harvey David, *Social Justice and the City, Revised edition*, University of Georgia Press, Athens 2009.

务方面的争议。①一线城市大量"蚁族"和进城农民遭到居住的排斥，转移人口难以融入城市。房地产市场与社会分层系统有着重要的关系，它推销的不仅是房产，还包括教育、安全、健康、财富、就业、社会地位和人际关系。②居住隔离③和冲突将会带来社会管理的成本以及未来更大的社会风险。

通说理论认为，空间结构本质上是由经济因素、社会因素、文化因素等决定的，其中经济因素起着主导的作用。特别是以哈维为代表的学者指出了资本主义生产方式对城市空间生产的决定意义。④然而，在制度经济学和法学界，财产权的排他性，尤其是与财产权相关的土地和住房制度是研究空间分异的主要关注对象。值得注意的是，由于土地制度和产权制度乃至国家基本制度的一些根本性差异，我国城市空间不平等的形成机制与欧美等国家有着显著的不同。

财产权的土地、规划制度本应属于法律研究的重要对象。美国、英国、日本等大多数国家的财产法、行政法领域都有着对此深厚且丰富的研究。然而，我国法学对构成空间不平等的制度原因研究甚为缺乏。因此需要对此做出充分的研究，为制度的改善提供准确的建议。

我国近十年来，保障房的建设数量实现了飞速的增长，中低收入人群获得国家提供的保障性住房的比率得到了提升。然而，在保障房建设数量难题得到克服的同时，这些住房建成后的空间布局却出现了空间分异的现象，并导致居住者享有的城市空间和公共设施出现极度不公平的结果。近

---

① 参见财新网 2017 年 9 月 12 日报道：《北京龙湖小区拆墙斗争背后的保障房"黑洞"》（http://china.caixin.com/2017-09-12/101144053.html）。《业主大战公租户 "租售同权"没那么简单》，《中国青年报》2017 年 8 月 17 日第 02 版。

② [美]道格拉斯·S. 梅西、兰·奥尔布赖特、瑞贝卡·卡斯诺、伊丽莎白·德里克森、大卫·N. 肯锡：《攀登劳雷尔山——一个美国郊区围绕保障性住房的抗争及社会流动》，朱迪、张悦怡译，社会科学文献出版社 2017 年版，第 1—2 页。

③ 所谓"居住隔离"（residential segregation），又被称为"空间分异"（spatial separation），是指基于肤色、户籍、职业、教育水平、生活习惯、文化水准或财富差异等人口特征关系而相区别的人群，同类或类似的人群相对聚居于特定地区，不相类似的人群则在居住空间上彼此分开。参见Massey D.S. & Denton N.A., "The Dimensions of Residential Segregation", *Social Forces*, Vol.67, No. 2, 1988, pp.281–315。

④ 参见冯健主编《城市社会的空间视角》，中国建筑工业出版社2010年版，第2—12页。

期深圳与北京保障房和相邻商品房小区出现隔离的围墙、物业服务的争议就体现了这一问题。①

保障房建成后的空间分异现象体现了人民日益增长的美好生活需要和不平衡不充分的发展之间的矛盾。这种空间的隔离和冲突将会带来社会管理的成本以及未来更大的社会风险。因此有必要分析我国不公平现象的制度成因，从制度和理论上论证公平的价值所在，进而发掘确保保障房空间公平的制度构成。由于美国公共住房造成的隔离问题相当显著，并由此产生了诸多区划法上的创新制度，引发了丰富的学术讨论，所以本文试图以美国区划（zoning）与宪法平等保护的发展历史为参照，来反思我国的制度困局与改善途径。

一　我国居住空间分异的现状

20世纪80年代末期开始房地产市场化改革后，我国原有计划经济条件下的单位制居住空间布局被打破，城市居住空间越来越体现市场机制的影响，土地的价格和消费者的收入水平成为决定居住位置的决定性因素。诸多实证研究表明，城市居住空间分异趋势明显加强，社会空间分层日趋严峻。②住房并非仅是物理上的物、法律上的商品，更是直接决定居住者就业和公共福利（设施）获得权的决定因素。从而住房空间的分异进一步加剧了社会的阶层分化。结合我国房地产制度的结构，可以发现我国城市的居住空间分异具备以下的规律性的特征。

第一，高比例的封闭小区居住排斥。尽管世界各国的城市大多存在封闭小区（gated community）的居住形态，然而像我国这样封闭式小区成为普遍形态的情形，却极为罕见。封闭小区的特征是，其一，住宅区由围墙或门禁系统隔离起来，以门、墙、警卫和摄像监控器等物理安全措施为特

---

① 参见财新网2017年9月12日报道：《北京龙湖小区拆墙斗争背后的保障房"黑洞"》（http://china.caixin.com/2017-09-12/101144053.html）。《业主大战公租户 "租售同权"没那么简单》，《中国青年报》2017年8月17日第02版。

② 相关实证研究可参见杨上广《大城市社会空间结构演变研究——以上海市为例》，《城市规划学刊》2005年第5期；冯健、周一星《转型期北京社会空间分异重构》，《地理学报》2008年第8期；陈杰、郝前进《快速城市化进程中的居住隔离——来自上海的实证研究》，《学术月刊》2014年第5期；李武斌、薛东前、邱婴芝《西安市居住贫困的空间分异及形成机制》，《陕西师范大学学报》（自然科学版）2016年第1期等。

征，人和车辆进入小区需要通过门墙控制的通道；其二，小区内由业主共同承担公共物品和公共安全的费用。[1]从而，其成为以居民身份为特征对不同居住社区进行隔离的方式。基于消费俱乐部理论，[2]小区内外的居民，其所享受的公共服务与设施有所区别，从而居民的物理和社会障碍可能随之加剧。封闭小区的隔离功能不仅在于出于安全考虑的围墙，而且在于公共服务和设施的共享。诸多业主对物业管理区域划分的争议就体现了这一点。[3]小区物业、业委会实质上承担了基层的公共服务提供功能。2016年中共中央国务院发布《关于进一步加强城市规划建设管理工作的若干意见》，提出"我国新建住宅要推广街区制，原则上不再建封闭住宅小区。已建成的住宅小区和单位大院要逐步打开，实现内部道路公共化，解决交通路网布局问题，促进土地节约利用"。在社会上引起了业主们的强烈反对，体现了封闭小区的普遍、固化和排他。

第二，城市流入非户籍（非居住证）人口的居住贫困与排斥。大量研究显示人口流入城市的居住贫困人口中大部分是来自农村地区的人口。[4]他们通常从事基础的服务业，很难拥有城市的户籍和居住证。他们往往通过租赁居住在城乡接合部、城中村或者市区的旧城内，不仅居住条件恶劣，而且集中居住的模式逐渐形成了内外的隔离。这种现象显然与城乡二元的制度密切相关。但是，还应该看到，决定他们居住隔离的不仅仅是经济上的贫困，而且还有城市土地国家所有制的因素。城市土地国有、农村土地集体所有的二元制度，为城中村的形成提供了土壤。

第三，保障性住房空间分布的集中性与边缘性。我国近十年来，保障房的建设数量实现了飞速的增长，然而，住房建成后的空间布局却出现了空间分异的现象，使不同收入人群的居住空间显著不公平。我国通过类似

---

[1] 参见吴晓林《城市封闭社区的改革与治理》，《国家行政学院学报》2018年第2期。
[2] 俱乐部理论认为封闭社区既非公共领域也非私人领域，而是俱乐部领域，社区当中的基础设施及公共服务对内共享，对外排斥，并通过捆绑的形式附在私有产权当中一并销售；并通过契约形式成员享有同等服务并承担共同的责任。参见刘晔、李志刚《20世纪90年代以来封闭社区国内外研究述评》，《人文地理》2010年第3期。
[3] 关于物业管理区域划分的争议普遍存在，并有众多进入了司法诉讼。
[4] 参见陈映芳《城市中国的逻辑》，生活·读书·新知三联书店2012年版，第179—209页。

包容性区划的单个项目配建和集中式建设（大型居住社区）来为保障房规划选址，然而"竞配建"模式导致空间分异拉大、大型居住社区规划造成空间分异。诸多研究提出了保障性住房集中建设会产生负面的社会经济效果，并指出了选址过偏和集中建设背后的逻辑。[1] 空间分异的格局一旦形成便很难改变，低收入群体的居民会越来越缺乏迁居能力，即使通过共有产权等方式允许居民出售产权，然而整体上大型居住社区的居民在收入、就业状况等方面是同质的，长此以往就会阻碍代际流动、形成居住的隔离与歧视，甚至影响社会安全和稳定。[2]

二 我国保障房选址的类型及空间分异问题

我国保障房选址的法律制度可以分为单个项目配建和集中建设两种类型。

（一）单个项目的配建

这一方式是通过在出让土地使用权的环节，要求开发商在房产开发中留出一定比例保障性住房，即以限制建设自由的方式，在规划上设定条件和比例，强制地提高中小套型普通住房的建设量。这一形式与美国包容性区划（Inclusive Zoning）制度和英国的规划得益（Planning Gain）制度相似。

这种单个项目的配建方式首先要决定何种项目需要配建保障房，以及配建多少保障房。这一决策通常由地方国土资源部门与规划部门、住房保障部门在单个项目土地出让前决定，[3] 或制定行政规范确立具体的标准。

---

[1] 参见方长春《中国城市居住空间的变迁及其内在逻辑》，《学术月刊》2014年第1期；郑思齐、张英杰《保障性住房的空间选择：理论基础、国际经验与中国显示》，《现代城市研究》2010年第9期。

[2] 参见宋伟轩《大城市保障性住房空间布局的社会问题与治理途径》，《城市发展研究》2011年第8期；赵聚军《保障房空间布局失衡与中国大城市居住隔离现象的萌发》，《中国行政管理》2014年第7期。

[3] 国土资源部、住房和城乡建设部《关于进一步严格房地产用地管理巩固房地产市场调控成果的紧急通知》规定，"省级国土资源主管部门接到本通知后，要根据市县保障性安居工程用地和普通商品住房用地计划的落实情况，分别制定督促措施，按月跟进。从7月开始，国土资源部将对保障性安居工程用地和普通商品住房用地供应实行月度指导，对落实情况较差的将予以公开通报，年底对各省（区、市）进行目标责任考核"。

例如《南京市保障性住房共有产权管理办法（试行）》（2015年）第15条就规定了可建住宅建筑面积在5万平方米以上的商品住房项目用地需在出让前由有关部门具体决定配建方案。无论是个别的决策还是设定一定的标准，都要考虑中央政府分配到各地的保障房建设指标、本地的保障房需求以及配建的均衡布局。

2010年后，上海、北京、广州、深圳等人口流入城市都开展了在具体项目中配建的方式。例如上海市在2010年推出多块居住用地出让配建5%的保障性住房。①杭州市政府《关于进一步做好房地产市场调控工作的实施意见》规定，"2011年商品住房供地总量中安排10%的土地用于建设或配建保障性住房"。在项目用地出让合同中，明确配建保障房的建设总面积、单套建筑面积、套数、套型比例、建设标准、配合办理产权登记、建成后无偿移交产权等事项。②

之后，每个项目的配建比例还通过竞投的方式来决定，即所谓的"限地价、竞配建保障房面积或资金"。根据国土资源部、住房和城乡建设部《关于进一步严格房地产用地管理巩固房地产市场调控成果的紧急通知》的规定，溢价率超过50%的房地产用地，包括商服、住宅或商住综合，要及时调整出让方案，采用"限房价、竞地价"或配建保障房、公共设施等办法出让土地。即当出让宅地竞价溢价率达到50%后，转为竞投保障性住房面积或资金停止竞争地价，改为开发商竞争配建保障房面积或保障房建设资金。

然而，由于以上制度在设计上存在问题，这种目标在于增加保障房供给并保障住房空间公平的制度却在结果上促成另一种形式的不公平以及隔离矛盾的升级。

1. 强制性不足导致其在土地市场低迷时被异地建设或建设费替代。配建是否能够被开发商所接受与土地市场行情密切相关。例如，2013年到

---

① 参见《东方早报》2010年11月10日报道：《上海8幅土地进行推介 多幅宅地捆绑保障房出让》（http://sh.sina.com.cn/news/s/2010-11-10/0841161875.html）。

② 例如上海市建设用地土地出让合同中具体条款规定，"本合同项下宗地范围内配建保障性住房建筑面积应占该宗地规划总住宅建筑面积的5%以上，计\平方米以上。受让人同意上述配建保障性住房按规定移交给住房保障机构"。

2014年上半年这段时间是杭州土地出让的火热时期,也是商品房配建保障房势头最猛的时间段,其间有近30宗出让商品房地块配建保障房。不过,进入2014年下半年后,随着开发商拿地热情的减退,导致土地竞拍时未到进入保障房竞拍阶段便已完成了拍卖,商品房配建保障房的情况很少再出现。通常会转为异地建设或支付建设资金替代。

2. "竞配建"模式导致空间分异拉大。2017年,深圳和北京都爆发了商品房业主与保障房业主的矛盾,两地都表现为商品房与保障房之间隔离围墙、互争小区停车位和花园等现象。[①] 尤其是北京市商品房与限价房建成后,房屋品质、价格、物业管理费用差异巨大,直接导致规划上的配建、包容性社区在现实中被围墙分隔,实质上不但没有实现配建的融合目标,而且导致矛盾更加深化。

上述矛盾的根源在于"限房价、竞配建"的出让和配建规则。由于配建的规模是通过竞投得出的,开发商要回本盈利,只有用商品房的利润平衡配建的限价房,并尽可能将商品房卖出高价。"限地价、竞配建"的方式,往往将这种平衡能力逼至极限,决定了一边是极高密度的保障房,另一边是高端商品房,两者形态差异巨大。政府在平抑地价的同时竞配保障房的做法,将成本和代价全部转嫁至开发商,进而转嫁给商品房和保障房业主。[②]

(二) 集中式建设

单一配建模式在土地市场较为低迷的时候受到挑战,许多城市选择在郊区土地价格较为便宜的地区集中式建设或收取开发商保障房建设资金来替代。例如上海市是在2011年通过《上海市大型居住社区第二批选址规划》来实现集中建设的。杭州2012年土地市场低迷的时候,也采取了异地建设的形式。[③] 这样就产生了大型居住社区建设,并逐渐形成或将形成

[①] 参见财新网 2017 年 9 月 12 日报道:《北京龙湖小区拆墙斗争背后的保障房"黑洞"》(http://china.caixin.com/2017-09-12/101144053.html)。《业主大战公租户 "租售同权"没那么简单》,《中国青年报》2017 年 8 月 17 日第 02 版。

[②] 《北京保障房商品房被分割管理 保障房难享"无差别待遇"》,《北京日报》2017 年 8 月 14 日。

[③] 《配建保障房如何做得更完善?挤在一起不如异地建设》,浙江在线 2013 年 6 月 6 日(http://zjnews.zjol.com.cn/05zjnews/system/2013/06/06/019386649.shtml)。

中低收入人群集中、单质化、交通负担、安全问题、人口贫困化的问题。然而北京、上海、广州、南京、武汉、杭州等城市都采取了这种规划建设模式。

与单一项目配建通过具体出让地块确定配建比例不同，集中建设的模式通过制定专门的规划来确保。以上海市为例，国务院于2008年重点投资的保障房的建设，这些保障房的建设数量主要是由国务院与上海市政府签订目标责任书，由上海市承诺实现。当上海市政府将保障房的年度建设数量要求、建设部住房套型结构比例要求和地方土地财政收入纳入保障房建设选址的考量，则上海市国土局制定的《大型居住社区选址规划》便成为最理所当然的选择。这个选址规划中各保障房基地具体选址的用地位置都处于上海市的远郊，而且由于建设指标巨大、远郊土地许多直接从集体土地转化而来，因此，这些保障房选址都表现为集中式、大型、单一居住用途。

从城乡规划的程序上来看，《上海市大型居住社区第二批选址规划》是由市规划和国土资源局会同有关部门和区（县）政府研究，市规划部门编制，市政府正式批准。上海市各区县再根据《住房建设规划》《上海市大型居住社区第二批选址规划》以及住房套型结构比例的规定制定各个大型居住社区基地《控制性详细规划》。从而，这种大型居住社区基地控制性详细规划具备非常明显的自上而下、计划式制定的特点。同时，该规划在极短的时间内编制并公布，选址都在以集体土地为主或已征收进入储备的郊区，缺乏充分的公众参与。而城市总体规划导出人口的思路、扩张型财政政策、地方政府土地财政收入最大化、配建的困难直接影响了《选址规划》和《控制性详细规划》的内容。

根据上海市政府发展研究中心社会文化处与上海大学社会学院开展的"上海大型居住社区居民生活调查"，基于2014年对上海六大近郊保障房基地中的5个（宝山顾村、浦东三林、嘉定江桥、闵行浦江、松江泗泾）的调查显示，大居居民家庭困难较多、就业率低、上班距离远、收入与财产不足、主观地位评价偏下，属于典型的城市弱势群体。[1]财政因素也会

---

[1] 金桥：《上海五个大型居住社区调查报告》（http://www.china.com.cn/opinion/think/2015-04/15/content_35325797.htm）。

加重这些社会问题，由于居住人口就业与居住的分离，许多人口导入的区县无能力承担"大居"居民的公共服务。①

隔离或者居住空间分异本身是社会阶层分异以后必然出现的空间结果，而我国保障性住房的空间分布加剧了这一分异趋势。空间分异的格局一旦形成便很难改变，低收入群体的居民会越来越缺乏迁居能力，即使通过共有产权等方式允许居民出售产权，然而整体上大型居社的居民在收入、就业状况等方面是同质的，长期以来就会阻碍代际流动、形成居住的隔离与歧视，甚至影响社会安全和稳定。②

三 制度根源

（一）"公平性"未被充分认识

党的十九大报告中提出"建立多主体供给、多渠道保障及租购并举的住房制度"。其中，无论是租赁抑或是产权的住房供给，都将涉及如何在提高不同类型住房供给数量的基础上，避免上述保障房选址的空间分异问题。面对房地产自由开发后建立相应的住房保障对于政府而言是一项较为年轻的职能。其中保障房的快速建设迄今为止也不过十年左右，这十年中主要解决量的供给问题。因此无论是立法还是行政机关都尚未意识到保障房规划选址避免空间分异也是住房保障的应有之义，也未意识到中低收入人群享有的这种住房保障的福利权也需受到宪法平等权条款的约束。从而，导致制度设计特别是规划选址时未能充分考量这一价值选项。

（二）土地财政的困局

无论是规划配建还是大型居住社区的保障房选址模式，其制度的形成都受到地方政府土地财政收入因素的影响。大型居住社区的规划之所以大批量地将保障房建在土地成本较低的郊区就是为了实现短期经济成本最低，既能实现中央政府分配的建设数量任务，又能不减少土地出让

---

① 闵行区政法委《大型居住社区调研报告》（2013年）指出，据区财政局测算，"大居"每导入一名市区居民，本区公共支出每年将增加7100元，综合看来，"大居"居民群众以社会弱势群体为主，医保、社保要求高，同时，大量人口的导入必然带来管理机构和管理人员的增加。

② 参见宋伟轩《大城市保障性住房空间布局的社会问题与治理途径》，《城市发展研究》2011年第8期。

收入。而在单一项目配建模式中，以融合为目的的配建规划之所以也会产生隔离的冲突，恰恰也是土地财政带来的困局。一方面，考虑到地方财政的压力，配建的方式往往被异地建设替代；另一方面，也是为了在减少保障房用地成本，地方政府通过"竞配建"方式激励开发商多开发配建房，引起同一地块商品房与保障房建设条件差距巨大，继而引发隔离的冲突。

（三）城乡规划法律制度促进了"不公平"

《城乡规划法》确立的城乡规划制度为保障房选址的"不公平"提供了制度基础。而这种制度基础在克服保障房选址空间分异问题时应加以充分分析。这种制度基础体现在城乡规划本身，无论在总体规划还是在控制性详细规划上，都过于服务于行政的目标，而无法提供一整套综合协调各方利益的程序。

从各地的制度实践来看，总体规划对控制性详细规划具有较为严格的拘束力。城乡规划的批准主体、程序等制度都决定了其往往成为地方人民政府自上而下通过行政权分配城市空间的重要手段。城乡规划甚至成为实现国家财政政策的重要手段，大型居住社区规划就是其中的典型，为了保障国务院提出的4万亿投资计划，保障房的建设在极短的时间内通过控制性详细规划得到落实。现有的城乡规划的程序中缺少意见听取制度的充分利用。对于像大型居住社区这样的针对中低收入人群的超大型居住社区本身对周边的居民会带来许多有利或不利的影响，其中诸多利害甚至可能在短期内是不能被普通人预想到的，这就不仅需要利害关系群体充分参与，而且需要在规划程序中加入规划、城市发展等各种专家的意见。大型居住社区的规划，尽管形式都经过《城乡规划法》关于听证、座谈会等意见听取制度的程序，但是对于这种对于人口导入区县带来短期经济发展利益、长期人口公共福利支出负担的规划，必须要建立不是只体现当下政府短期利益的规划决策制度，而是充分考虑未来长远利害的决策程序和机制。此外，保障房的单一项目配建方式是在各个具体出让地块灵活地规定配建比例，其规划许可及其所依据的控制性详细规划也多数都未经过必要的考虑各方面利害的程序。

第二节　包容性规划与公平住房法

　　通过在编制规划、根据规划出让土地使用权和颁发建设规划许可证的环节，要求开发商在房产开发中建设规定比例的普通住房或留出一定比例保障性住房，这种以限制建设自由的方式，在规划上设定条件和比例，强制地提高中小套型普通住房的建设量，是实现国家保障中低收入阶层居民居住生活的新型行政活动方式。2006年在《关于调整住房供应结构稳定住房价格意见》中，建设部首次提出了商品住房建设中套型建筑面积90平方米以下的住房要达到70%的比例，紧接着在7月建设部所发布的《关于落实新建住房结构比例要求的若干意见》中对此进行了具体化，[①]要求在控制性详细规划中明确住宅建筑套密度（每公顷住宅用地上拥有的住宅套数）、住宅面积净密度（每公顷住宅用地上拥有的住宅建筑面积）两项强制性指标。另一方面，在广州、深圳、上海等地开始试点推行在商业用地出让时，出让土地规划配建一定比例的保障性住房，例如上海市在2010年推出多块居住用地出让配件5%的保障性住房。[②]

　　实践中很多城市在商业用地土地出让时要求配建保障性住房，导致土地流拍，例如广州于2007年底提出廉租房配建的计划，希望引入开发商加快廉租房建设推进速度，而深圳也期望用配建方式来完成每年的廉租房建设任务，2008年上半年先后推出多宗配建比例不同的商住地块，但开发商投资意愿降低，导致土地市场去年成交清淡，"配建"的廉租房也难

[①] 2006年国务院办公厅转发建设部等部门《关于调整住房供应结构稳定住房价格意见》的通知中提出"自2006年6月1日起，凡新审批、新开工的商品住房建设，套型建筑面积90平方米以下住房（含经济适用住房）面积所占比重，必须达到开发建设总面积的70%以上。直辖市、计划单列市、省会城市因特殊情况需要调整上述比例的，必须报建设部批准"。

[②] 参见《东方早报》2010年11月10日报道：《上海8幅土地进行推介　多幅宅地捆绑保障房出让》（http://sh.sina.com.cn/news/s/2010-11-10/0841161875.html）。

以如期推进，有"配建"条件的商住地块最终罕有成功出让。① 因此，在制度设计上应如何考虑配建的模式与执行的效果呢，是否要设立强制性指标，抑或是诱导性的，如何考虑和土地出让制度的匹配，都将是规划配建保障性住房制度的重要课题。下文主要以美国和英国为例，来探讨以上两方面的问题。

一　包容性规划制度在各国的产生和发展

（一）美国包容性规划（inclusionary zoning）的产生与发展

1. 城市规划制度及其排他性问题的产生

城市规划是在 20 世纪早期被引入美国的。1926 年，美国最高法院首次确立了规划的地位和作用在于保护公众的健康、安全和福利。此后，规划逐渐成为占据主导地位的技术方法，是地方政府影响土地开发的最主要手段。作为城市规划首要法律制度的区划制度，是指规划师或规划咨询委员会编制的区划条例被地方立法机关采纳，具有了对土地的使用进行综合的公共限制的法律效力。这些限制主要包括土地和建筑的用途、建筑的高度和容量、建筑物周围开放空间的位置和大小以及土地开发的强度等。② 最初的规划以控制土地使用的用途（Use）、形状（Shape）和开发强度（Bulk）为主。在实际应用中，规划保护了居住用地免受商业和工业用地的负面影响，并通过对建筑密度和建筑体量的强制性控制来避免过度拥挤、交通堵塞、采光不足等问题。

同时，这种严格、刚性的区划条例并没能形成宜居的社区，反而导致了居住隔离，加剧了社会分化。有的规划为了地方财政增长，增加住宅底层面积，减少套型的卧室数量来吸引商业投资，导致中低收入家庭可选住宅数量急剧减少，有的规划在市镇的范围内禁止活动住房或排除公寓式的住宅建设，都造成了中低收入者的住房困难。这些方式都被称为是一种排他性规划（exclusionary zoning），筑起了种族和经济隔离的高墙。在一些

---

① 参见《第一财经日报》2009 年 2 月 11 日新闻：《"配建"未果——广州拟政府主导廉租房建设》（http://finance.sina.com.cn/roll/20090211/03315839999.shtml）。

② 参见李泠烨《城市规划合法性基础研究——以美国区划制度初期的公共利益判断为对象》，《环球法律评论》2010 年第 3 期。

居住人口密集的地方，居民们甚至诉诸法院，试图挑战这些架起居住隔离的区划条例的效力。

2. 规划承担保障性住房供给的价值在司法和立法层面的肯定

在新泽西州，早在1962年，就有法官在维克斯诉格罗斯特镇委员会[①]案件中，质疑在市镇中排除移动住宅和停车场的规划属于排他性规划而效力存疑。1975年，在南伯林顿有色人种协会诉劳雷尔山镇案[②]中，新泽西州最高法院首次认定区划条例没有履行通过土地使用规制来承担满足地区中低收入住房需求是排他性的规划而无效。

劳雷尔山镇1964年通过区划条例，市镇29.2%的土地被规划为工业用地，远远大于原有的工业用地规模，而零售商业用地被大量缩小，其余的四个居住区则只允许建设独幢单户的住宅，排除所有复合式的公寓和活动房。之后该镇批准的其他居住规划单元也是超过中低收入群体支付能力的高档公寓、连排别墅和以成人退休社区为内容的建筑布局。因此，法院认为，"区划条例必须促进公共健康、安全、道德或其他公共福利"，住房和食物毫无疑问是最重要的人类的基本需求，"所有的市民是否得到足够的住房供给问题是在确定一个团体的公共健康和福利时当然成为首要考虑的因素之一"[③]，法院指出这不仅仅是司法的判断而且是被地方和州的立法所肯定的。

同时，在制定规划的领域，面对传统规划带来的各种问题，从20世纪60年代以来，人们开始不断地对规划进行调整和优化，出现了多种形式的"创新性规划"。与传统规划不同，创新性规划具有较强的灵活性，融入了各种技术方法以增强场地或区域的独特影响力，包括弹性规划（Flexible Zoning）、奖励性规划（Incentive Zoning）和包容性规划（Inclusionary Zoning）等。

创新性规划允许双拼住宅、联排住宅与独栋住宅共同进行开发，也被称为"不固定分区"（Floating Zones），多应用于较大的地块，并允许较

---

① Vickers V. Township Committee of Gloucester Township, 37 N.J.232, 1962.

② Southern Burlinton County NAACP V.Township of Mount Laurel, 67 N.J.151, 336 A.2d 713, 1975.

③ Ibid..

高的建设密度。不固定分区通常与特定规划相关联，特别是在历史街区中得到广泛应用。此外，创新性规划允许居住和商业功能的混合，即"弹性规划"。弹性规划允许在商业区建设附属居住单元、住宅和居住/工作混合用途的单元，但通常会同时提出强制性的附加要求，例如对建筑高度的限制或步行导向设计等。

到20世纪70年代早期，创新性规划的发展不仅表现在住宅密度和混合性方面，同时也涉及住宅价格，出现了"奖励性规划"和"包容性规划"。[①]与弹性规划不同，包容性规划和奖励性规划是直接针对可支付住宅的。奖励性规划通过给予建筑密度、容积率等方面的奖励，来鼓励开发商提供价格较低的可支付住宅。[②]而包容性规划是对住宅开发项目提出预留一定比例可支付住宅的强制要求，同时也往往会包含奖励性措施作为对开发商的补偿。包容性规划要求或鼓励当地房地产开发商在开发建设新的房地产项目的同时，需在该项目中拿出一定比例的住房数量作为"可支付住房"，提供可支付住宅，其目标是使可支付住宅的开发成为社区其他开发项目的组成部分。通常情况下，规划条款要求以某一密度进行开发的项目要包括"强制预留"的可支付住宅单元，以低于市场售价或租金的标准售租给中低收入家庭。为此，政府推出一系列的经济的和制度方面的刺激手段补偿房地产发展商的成本损失。包容性规划一般要求居住和商业的开发都要提供可支付住房，对于商业的开发，甚至要求规划中特别列出这些商业开发将会创造的行业所雇用的雇员所需要的可支付住房的比例。如果开发商万一无法获得特别的许可，政府就必须规定额外的建设比例或征收一定的费用，来获得建设可支付住房的成本。这种模式可以激励项目中安排可支

[①] 参见焦怡雪、刘涌涛《美国以创新性区划促进可支付住宅发展的经验和启示》，载《城市发展研究》2007年第3期。

[②] 可支付住宅通常指位于某一特定地域位置的低于市场价格、中低收入家庭有能力购买或租住的住房。美国住房与城市发展部（HUD）将可支付的住房支出定义为：用最多占家庭收入30%的金额即可购买或租用适当的住房，即住房租金、基本设施使用费用或购房贷款、税费和保险支出的总和不应超过家庭收入的30%。如超过这一比例，则认为住房支出水平是不可支付的。HUD第八条款资助计划（Section 8）确定了家庭收入划分的方法，其中低收入指家庭收入水平处于该地区平均收入的50%—80%，最低收入指家庭收入低于该地区平均水平的50%。

付住房建设的开发形式，有助于促进社区的融合和社会经济的发展。

因此，包容性规划制度最大的优点在于，一方面，由于其是通过诱导开发商在房产开发中主动建设可供中低收入阶层居民负担的住房，政府不需要支付巨额的财政资金进行建设和维护，可以节约财政成本。另一方面，通过将不同收入水平的人群以规划的方式促使他们融合居住，可以减少因为居住隔离带来的社会问题，比如贫民窟的犯罪率、过于明显贫富鸿沟、居住隔离带来的失业问题等。

3. 包容性规划的发展

20世纪70年代初，美国首都华盛顿DC大都市区域的蒙哥马利郡首次运用了包容性规划，其在1974年颁布的《中等价格住宅单元（MPDU）条例》中，要求每个规模超过50个住宅单元的开发项目都要包括15%的中等价格住宅单元。在这些单元中，要有2/3出售给中等收入的首次购房者，剩余的1/3可以交给当地的住宅委员会或非营利组织用于它们的可支付出租住房计划。为了保证该条例的实施，蒙哥马利郡向开发商提供一项"建筑密度奖励"，即在满足地方规划要求的情况下，建造者可以获得在地块上多建造22%的住宅单元的奖励。因此，用于中等价格住宅单元建设的土地相当于是"免费"的。从该计划的最初实施以来，蒙哥马利郡已建设了将近10000个中等价格住宅单元。迄今为止，蒙哥马利郡的包容性规划已成功运转了30年，这种模式能够有效避免形成犯罪率高、教育设施差、房地产价值低的贫困者聚居区。因此，"蒙哥马利郡已成为全美最具种族和经济收入融合性的地区"[①]。

包容性分区制住房计划在美国西部的加利福尼亚州发展尤为迅速，尤其在商品房房价奇高的海滨城市特别盛行。截至2003年3月，加利福尼亚州有107个城市和郡政府推出了包容性分区制住房计划，占该州地方政府管辖区域的1/5。该政策在20世纪90年代发展迅猛，其中将近50%（48%）的城市计划都是在90年代开始实行的，相比之下，70年代和80年代发展的总和仅为37%。90年代的发展趋势一直延续到21世纪初。

---

① Rusk, David, *Inside Game/Outside Game: Winning Strategies for Saving Urban America*, The Brookings Institution, 1999.

包容性分区制住房计划迅速推进的主要原因在于：一方面在于住房成本以及房价的急剧增加。到 2003 年 8 月，加州的独立住宅的平均房价达到每套 404870 美元的历史最高纪录。而房价的激增，其根本的原因还在于加州人口的迅猛增加产生的对住房的持续需求，可开发土地供应量的减少和房地产税收政策的改变等。另一方面包容性分区制住房计划可以保证提供适合中低收入家庭需要的可支付住房。在加州，实施该政策已经提供了 34000 套可支付住房，而且每年至少可再提供 15000 套。包容性规划的优势在于它不需要支付巨额的财政成本，就可以向中低收入群体提供可支付住房，其主要通过开发商来承担开发的成本。而且这种强制性的规划可以避免居住隔离，促进不同人群的共同居住。因此，联邦政府对可支付住房资助的减少、地方政府隔离措施的使用都促使包容性区划的产生。[1]

（二）英国的情况

1. 政策依据与效用

在英国，政府采用了"规划得益"（Planning Gain）的政策，要求开发商或土地所有者提供部分可支付住宅，承担社会责任。[2]英国通过规划手段促进可支付住房建设始于 1979 年，并通过 1990 年《城乡规划法》（经 1991 年《规划与补偿法》修正）第 106 条款被正式立法。在英国规划法律体系中，可支付住宅被界定为是社会基础设施（Social Infrastructure），从而作为社区公共建设的一部分，建造在经济活跃的区域与城市中心等可支付住房严重缺乏的地区。这种规划配建可支付住房的模式也往往与城市更新结合在一起，不仅考虑到社会稳定与城市安全，通过建设可支付住房，分散低收入群体的聚居，而且也考虑促进城市与区域的经济发展、发挥城市活力。而且由于在建成的可支付住房的提供上，往往采取一部分低收入者与政府或者非营利机构"共享产权"，先租再分步购买，直到获得全部产权的模式，充分考虑低收入群体的人生发展与支付能力，促进了其积极就业、创造财富。在混合住宅的建设上，第 106 条的"规划得益"政策起

---

[1] See Brian R. Lerman, "Mandatory Inclusionary Zoning—The Answer to The Affordable Housing Problem", 33 *B.C. Envtl. Aff. L. Rev.* 385, 2006.

[2] 参见杨滔、黄芳《英国"可负担住宅"建设的经验及借鉴意义》，《国际城市规划》2008 年第 5 期。

到了重要作用。① 混合社区的本质在于不让低收入者在空间上被排斥在正常社会之外，它不仅指社区内混合了可支付住宅与其他商品房，也指规模不大的可支付住宅社区与其他商品房社区在区域或者城市尺度上的混合，防止形成大规模的单一社区。这是吸取了历史教训，即19世纪与20世纪初大规模贫民窟以及"二战"之后大规模单一社会住宅所引发的社会动荡。在宏观上，混合住宅的政策基于住宅的可支付性在区域上差别很大，住房可负担能力较差的地区往往是经济发达且房价较高的区域。单纯依靠市场，低收入者很难负担住宅，往往会被排斥到区域边缘，虽然边缘也许环境优美，但是交通以及服务设施常常很差。低收入者更容易感到与正常社会隔绝容易引发更多的社会问题，甚至暴力冲突。因此需要在经济发达的区域与地区建造可支付住宅。在中微观上，混合社区不一定要求同一栋多（高）层住宅楼内混合低收入者与其他收入者，"二战"之后的社会住宅经验证明了这常常不可行，反而容易激发社会矛盾。然而居民混合也许能在街坊块内解决每边不同的街道可以容纳不同收入的人群聚集或者小规模的住宅组团之间的混合，但需要保持日常公共活动会穿过低收入住宅区，或者城市商业活动比邻低收入住宅区，低收入者才不会感到被社会排斥。

可支付住宅对于经济可持续发展也有影响。即使经济最活跃的中央商务区也有需要低级职位的员工的其他小型服务行，而据统计70%低收入者的工作出行距离小于8千米，如果经济活跃地区以及附近缺少可支付住宅，那么公司不得不提高低级职员的工资，运行成本将会上升，对中小公司的发展影响较大，也影响了不同经济机构之间的协同发展。此外，从低收入者来说，如果可支付住宅使得他们能够进入或者接近经济活跃地区，他们可以获得更多的工作机会与信息不仅能够提高就业率，而且有可能让他们进入中高收入阶层甚至自主创业，这对于当地经济发展也有好处。因此如伦敦新金融中心金丝雀码头（Canary Wharf）的更新过程中基本上保留了其南部三组低收入住宅小区没有把低收入居民置换出去，而是通过技能培训把他们吸收到金融区的低级职位中，同样也带动了这些小区的经济

---

① 参见杨滔、黄芳《英国"可负担住宅"建设的经验及借鉴意义》，《国际城市规划》2008年第5期。

活动。最后，从城市之间的人口流动而言，人口流动都与工作有关，当一个城市的房屋可负担性很高而又缺少可支付住宅时这也会影响其他地区的中低收入者（如刚毕业的学生）进入该城市工作而且该城市的中低收入者也将倾向于不离开这个城市，这将在一定程度上抑制人口流动，城市之间的人口流动有利于经济的可持续发展。

目前英国约90%的地方政府实施了第106条款[1]，1999—2000年度全英格兰的可支付住房中有1/5是通过第106条款的协议配建方式供应的，而这一比例在逐渐增加。[2]英格兰2005—2006年度根据106条款协议提供23860套可支付住房，占可支付住房竣工量的55%，占其中新增社会租赁住房的61%。从地区间差异看，伦敦大都市区及周边英格兰东部、南部等住房需求增加较快、房价上涨较快的地区，第106条款协议配建住房所占比例远远高于英格兰北部地区。

2. 规划配建的主要模式与问题

根据1990年制定的《城乡规划法》第106条，地方政府可以与开发商谈判以规划许可为条件，要求开发商提供部分的可支付住房。第106条款协议被认为是将可支付住房的配套建设作为开发商的义务和住房开发项目获得规划许可的要件，同时也体现了对规划得益进行征税的理念。[3]

一般而言，房地产商开发的商品房超过25套或者地段大于1公顷，就要建造一定比例的可支付住宅，视地方政府的情况而定。在规划层面上，根据2004年《规划与强制性收购法》（*2004 Planning&compusory purchase Act*）以及《城乡规划法》"规划政策解释3"（*planning policy Statements 3*）明确了可支付住宅的定义、投资方、提供方以及规划要求。根据"规划政策解释3"，区域办公室（Regional Offices）中选举的区域委员会（Regional Assembles）根据区域发展制定住宅战略（Regional Housing Strategy）与空间战略（Regional Spatial strategy），明确可支付住宅的区域发展目标并反

---

[1] Crook T. et.al., Planning Gain and Affordable Housing: Making it Count, Joseph Rowntree Foundation, 2002.

[2] Crook, T. et.al., "Planning Gain and the Supply of New Affordable Housing in England: Understanding the Number", *Town Planning Review*, 2006, 77(3): 353-373.

[3] 参见刘志林、韩雅飞《规划政策与可支付住房建设——来自美国和英国的经验》，《国际城市规划》2010年第3期。

馈给住宅公司（Housing corporation），依据区域空间战略，各个地方政府根据当地情况制定地方发展框架（Local Development Framework），其中详细地规划可支付住宅的数量、标准空间分布以及提供途径等，并与当地居民、开发商以及注册社会地产主讨论其可行性。然后指导注册地主或者开发商提供可支付住宅。当然，可支付住宅的发展还有其他非体系内的模式。

与美国不同，英国的规划法要求开发项目必须向地方规划管理部门提出规划申请并获得规划许可证（planning permission）。1990年《城乡规划法》第106条款授权地方规划管理部门在审批开发项目时，与开发商就一些必需或重要的附属条款进行谈判。这些附属条款通常是为了减少该项目开发对周边地区的负面影响，或者是为了提高当地社区的公共利益。开发商要获得规划许可证必须要承担这些规划责任（planning obligations），其中一项重要内容就是配建可支付住房。这些住房的价格通常在市场价的70%—85%，在一定年限内不得上市销售，或只能向当地居民或特定人群出售。

第106条款协议配建下可支付住房的最大特点是，通过地方规划管理部门和开发商之间就单个开发项目的具体协商决定可支付住房建设的规模、数量、标准、产权类型和位置等具体要求。[①] 主要内容包括：开发项目规模条件（如：15个住房单元以上）、可支付住房的供应比例（如25%）以及是否能获得社会住房基金。由于可支付住房供应比例是地方规划部门与开发商之间就个别项目协商的结果，不同地区的规划部门可能采取不同的策略。如在伦敦和英格兰东南地区等住房需求增长快、可支付住房供应不足的地区，规划部门的规定较为严格，强制性要求开发商在开发项目中提供可支付住房；而在住房需求较低的地区，规划部门的政策相对宽松，提供可支付住房可以不作为获取规划许可的必要条件。无论采取哪种谈判策略，地方规划部门提出的可支付住房建设要求必须符合相关性、必需性和合理性原则，必须与规划相关，与开发项目直接相关，其实施对开发项

[①] Crook T. et.al., Planning Gain and Affordable Housing: Making it Count, Joseph Rowntree Foundation, 2002.

目本身的规划合理性来说是必需的,开发商承担的成本必须是公平合理的。

然而在土地价格上,由于第106条款适用的开发项目规模条件被不断降低,而所要求的可支付住房比例越来越高,社会住房基金的可获得性却越来越差,导致第106条款协议项目的土地价格不断上涨,配建的协议抬高了土地价格,也引发了众多其他消费者对于该手段将政府提供可支付住房的义务不当地转嫁给了不应负担的主体身上,提出了异议。本来第106条款协议配建住房的最主要特点是在土地价值的基础上推动了私人投资进行可支付住房建设,因为此前可支付住房的补贴主要来自政府,尤其是中央政府的公共住房基金或者社会住宅基金,而采取了该措施后,开发商将经济利益损失转嫁给其他收入阶层的消费者,由地方全体民众承担的可支付住房的建设成本转而成了高价购买房产开发项目中非可支付住房的消费者的身上,公平性问题就极为严峻。

对于以上问题,学者和相关机构提出了改进建议。例如将配建可支付住房的要求扩展到包括商业开发在内所有类型的开发项目,以避免扭曲土地价格并确保所有项目为实现更广的社会目标做出贡献;增加开发商支付方式的弹性;在谈判中采用"统一的起点"以加速谈判进程并防止地方当局提出过度的要求;可支付住房比例和门槛值的设定应当依据地方开发规划(Local Development Document)中的地方住房规划来确定,保证指标设定的严谨性和科学性,并经受公众质询的检验。

二 规划配建的模式

配建措施是否能实现预期目标,关键在于采取何种执行的手段,以美国为例,不同的执行手段,在效果上和法律性质上都存在区分。美国的包容性规划在法律性质上分为两种模式,一种是强制型的,另一种则是自愿型的。

(一)强制型

强制型的包容性规划要求开发商划出专门的比例建设可支付住房。这些强制性条款常常给予开发商丰厚的奖励。尽管丰厚奖励的激励并不是强制型包容性区划项目所要求的,但立法机关必须给开发商提供一个选择,促使开发商建设更多的可支付住房,而且可以避免征用、正当程序这些制度上的要求。

强制型的包容性区划至少具有三个重要的好处。第一，它比自愿型的项目造的可支付住房多；第二，它可以通过强制性的社区融合来减少犯罪、失业等社会问题；第三，通过混合居住不同收入群体，将穷人分散化，可以带来经济上的好处。[1]但强制型的包容性规划要产生效果，必须配备有力的执行机制，例如对执行包容性规划的开发商的金融处罚措施。同时需要得到社区的持续支持。

实践中，美国的西部各州大多采用了强制型的模式。西部各州往往都通过在综合规划中规划可支付住房来实现。在这些州，强制性的可支付住房规划的实施主要是受益于一些早已存在的广被使用的规划实现机制。例如，俄勒冈州要求市镇在综合规划中确保向在本地工作的人提供住房机会。它要求地方政府必须提供充足的获得住房的机会，当该地方的某一收入阶层无法获得充分的住宅时，市镇也许会要求规划将独幢式住宅调整为公寓式来保证低收入者可以获得住房。加利福尼亚的州法要求每一个市镇的综合规划中纳入住房的要素。住房的要素必须分析市镇现存的住房状况，确立将来的目标和政策，并提供通过规划和土地利用来完成的具体手段。住房要素首先要获得本地方的住房和地区发展部的批准。进而，市镇在实现过程中还须与州和其他市镇共同合作。大家构成"公平分担"，也允许互相之间暂时地转让义务。除此之外，加州还通过加州海岸委员会和加州再开发法成功地创造了可支付住房。海岸委员会成功地鼓励了市镇在其裁量范围内制定一部法规要求在住房供给中保持25%的可支付住房。[2]再开发法则要求再开发地区的税收收益应花在供应可支付住房上。在纳帕市实施的强制性包容性规划，被法院认为是一项合宪的土地利用法规。这项非常积极的项目要求每个项目的新开发商要列出10%的可支付住房单元，并且没有任何奖励。宣告强制性规划合宪为其频繁运用打开了途径。

在州立法层面要求各市镇都采用强制的包容性规划，例如允许各市镇根据州的建设大纲在综合规划中安排适当的建设比例，这样各市镇都要建

---

[1] See Brian R. Lerman, "Mandatory Inclusionary Zoning—The Answer to The Affordable Housing Problem", 33 *B.C. Envtl. Aff. L. Rev.* 390（2006）.

[2] See Brian R. Lerman, "Mandatory Inclusionary Zoning—The Answer to The Affordable Housing Problem", 33 *B.C. Envtl. Aff. L. Rev.* 406（2006）.

设一定比例的可支付住房，这样也可以防止开发商没有开发的意愿。关键是州要制订各市镇可支付住房的计划。计划应当根据法律条文中的要素考虑现在和将来的住房需要，包括人口、住房供应情况、可建设用地。在制订计划以外，市镇应对包容性规划立法，将"建设住房数量的比例、可支付的标准、再售条款、限制规定、房屋标准、价格和租金水平、承租人和购房人对象"具体化。这种方法确保了所有的市镇来分担可支付住房的供应，可以有效地执行。而且，将这种模式认定为征收影响费，则在宪法层面也容易被认可。因为，虽然费和税不同，税对应一般公共福利，费对应特定的项目，但是费的征收一般也是立法的问题，州有权授权市镇征收影响费，司法往往尊重立法的决定，所以根据影响费的分析，州领域的强制型包容性规划可以被认定为合宪的。

所有的可支付住房计划都与社区对可支付住房的分担有关。强制性模式的好处是分担必须成为社区规划的一部分，而不是在没有充分执行机制的情况下由司法加以确认。加州经验证明的这种模式是成功的，因为这种规划要求州和地区政府来批准市镇提交的可支付住房规划。可支付住房的规划成为市镇土地利用规划的一部分。

（二）自愿型

自愿型则完全依赖于激励措施。开发商有选择的自由，最后的选择往往取决于提供激励的多少。自愿型规划项目的不足在于这些激励可能超过建造可支付住房的成本，而且当房屋出售得到的回报超过采用包容性规划可能获得的激励，那么开发商们会放弃加入包容性规划。

例如在美国东部大多数州还未实施包容性分区，但许多州都存在排斥性分区和缺少可支付性住房的问题。因此有的州，例如新泽西州就由法院创造了一个"公平分担"的义务，要求每一个市镇来公平分担可支付住房。新泽西州是最早在劳雷尔山 I 案件中禁止排斥性区划的，然而，在禁止排斥性区划的同时却没有创造出可支付性住房，因此在八年后劳雷尔山 II 案件中，新泽西州最高法院提出了一项各个社区"公平分担"的义务，并且允许市镇采取包容性区划来实现公平分担。随之州立法机关制定了公平住房法案。这一法案建立了公平负担住房并创造了一个行政机关，可支付住房委员会，来监督这些项目。可支付住房委员会的工作是平衡每个社区的可支付住房的负担比例。每个社区必须根据就业机会和当地的收入情况调查来决定这一地区在现在和将来所需要的可支付住房数量。进而，各个市镇必须向可支付住房委员会提交一个住房计划来保证实施本地方负担的比例。尽管新泽西州试图在州的层面上进行规划，但是可支付住房委员会没有任何权力来要求地方的住房计划在最低限度上执行这些公平分担的要求。因此，这个制度是完全自愿型的，最基本的好处是避免了排斥性区划。新泽西州的公平负担制度并没有提供充分的可支付住房。法院只是向主张排斥性区划的市民提供补偿而已。可支付住房委员会的行政机制也很难保护个人获得住房的权利，因为这一制度是自愿型的。

与新泽西州要求市镇作为不同，马赛诸塞州则通过立法向开发商提供了一个开发可支付性住房的程序，这个程序可以减轻地方规制，其允许开发商来启动一个可支付性住房程序。该州的综合许可法允许开发商向地方规划申诉委员会提交关于可支付住房的提议，如果市镇没有提供足够的可支付住房，开发商就不需要服从有关规制，包括密度、湿地保护等，这样来使市镇处于不利地位。如果一个开发项目被肯定或否决时附加了一些开发商认为无法实施的限制条件，综合许可法就允许开发商就地方规划申诉委员会的决定向住房申诉委员会（行政法庭）申诉。住房申诉委员会根据该镇是否提供了足够的可支付住房，一般要达到住房总量的10%，如果该镇没有提供那么多，这开发商就占了上风。[①] 综合许可法该条款创造的可支付性住房数量相当少，而且主要提供给年老者和本区域的现住居民。因此这一手段在居住多样化和居住融合方面是失败的。

马里兰州的蒙哥马利郡采取的措施是全国范围内较为成功的例子。这项政策是在1974年通过的，当时是为了实现提供住房给本地的工人的政策目标。开发商被要求保留12.5%—15%的比例建造可支付住房，作为回报22%的建设密度的回报。其中产权的住房要保证10年中是可支付的价格，租赁的住房要保持20年。马里兰州的成功在于他们促成居住融合。通过将可支付性住房安排在商品住宅区域内，促进了融合性。

---

① See Brian R. Lerman, "Mandatory Inclusionary Zoning—The Answer to The Affordable Housing Problem", 33 *B.C. Envtl. Aff. L. Rev.* 402（2006）.

尽管纽约并没有采取"公平负担"的途径，但在司法审查中审查区划条例的合理性也促进了可支付住房的建造。在 Berenson v. Town of New Castle 一案中，纽约的上诉法院要求市区规划充分利用市区可利用的土地创造一个平衡的、融合的社区，并且每一个市镇都应考虑整个地方的可支付住房需求。纽约法院立场的好处在于它允许开发商去指出区划条例的不合理性，如果一个市镇的规划没有提供对社区住房的分担。但缺点是，这一途径，各市镇在没有开发商指出的时候，并不必分担可支付住房。开发商的行为成为实质因素。

东部州模式执行的困难在于他们是建立在地域性的可支付性住房规划上——来自"地区的普遍福利"。当地域范围内的各州没有建立现存的地域规划框架的话，则很难实现。而唯一补救的手段就是由开发商来提出诉讼。然而，强制性包容性规划可以解决这个执行的难题。现在，很多包容性规划的立法要求市镇将可支付住房规划向区域或州行政机关提交审查。加州就很早采用这种办法，住房和社区发展部必须审查批准、调整所有新的市镇的住房规划。这种执行模式允许州审查地方政府的住房政策。而最有效的方式是使市镇有权力去做出配建的规划。

综上所述，政府在城市规划编制中以及决定建设规划许可要件时增加要求开发商配建适当比例的普通住房或保障性住房，是促进城市居民居住融合、打破贫民窟的形成、以较低的财政支出增加保障房供给的有效手段。然而，要使这种手段得以有效执行，必须寻求制度上有力的执行机制，从美国和英国的经验来看，强制性的执行模式是推动保障性住房供给的最有效手段，但采取强制性的规划指标要求，可能会带来物权法和宪法上财产权保障的课题，这种强制性的配建指标，是否会造成对私人土地使用权基础上的建设自由的侵害？在我国城市规划的合法性基础尚存疑问的今天，有必要理清财产权保障的基本观念和限制的合法性条件，来对此做出细致的判断，同时美国判例上对于包容性规划是否合宪的审查标准也是作为参照的重要对象。然而，由于我国土地的使用权的获得是基于已明确规定规划指标的土地出让来实现，规划指标一定反映在土地出让价格之上，因此美国法上因为规划配建导致土地所有人财产权遭受损害的立论似乎并不能成为我国的参照依据，而应从区域保障性住房需求的总体规划的角度进行配建的"公平负担"、考虑其他住房消费者等利益受损的主体等多方面去论证配建模式的正当性。

三 美国住房法上的公平内涵及制度

（一）美国区划与公平住房的法律发展

20世纪30年代美国联邦政府就开始资助、建设公共住房。[1]20世纪70年代以后诸多住房政策已经从确保公共住房数量的供给转向了如何确保更公平的住房获得权以及更（种族和收入上）融合的居住社区。1960年国会制定公平住房法（The Fair Housing Law）、区划法上的包容性规划（Inclusive Zoning）[2]的发展以及各州法院的一系列相关判决都为住房权利的"公平"内涵注入了丰富的内涵。

"公平"成为美国住房法律制度领域的重要议题，是联邦政府早期资助的公共住房出现居住隔离现象以及诸多中产阶级社区通过区划排除少数族裔、低收入人群住房的严峻挑战而导致的。由于建立这个制度时赋予了各地方过多选择建造的自由，导致了公共住房多是建造在居民人口收入较低的社区，富人社区则很少，从而造成了居住隔离。[3]白人社区选民会反对在该社区建造公共住房，而黑人社区的议员出于公共住房是社区福利又会支持在该社区建造公共住房，这样更加剧了居住隔离。此外，住房市场和区划（zoning）本身会构成排他性，造成居住隔离。由地方立法机关通过的区划也成为现有业主和地方政府排除低收入人群进入社区的法律工具，以保障物业的价值、社区的优质乃至降低地方政府的财政支出。[4]

面对隔离问题，一方面国会积极立法消除不公平的现象。1960年国

---

[1] 公共住房项目设立于1937年，是罗斯福新政期间最后通过的立法之一。参见［美］阿列克斯·施瓦茨《美国住房政策》，中信出版社2008年版，第143页。

[2] 包容性规划政策一般要求，商业性住宅的开发建设必须（或者自愿）在该开发单元区域内配建一定比例的可负担性住宅，作为规划许可的附带组成部分，该"强制预留"部分的可负担性住房单元，必须按照预定的限制性售价或者租金售租给中低收入家庭。

[3] 参见［美］阿列克斯·施瓦茨《美国住房政策》，中信出版社2008年版，第151页。

[4] 中低收入人群的引入将会带来更多公共服务的支出，这将迫使地方政府提高税收。参见 Jeffrey M. Lehmann, "Reversing Judicial Deference Toward Exclusionary Zoning: A Suggested Approach", *Journal of Affordable Housing & Community Development Law*, Vol. 12, No. 2（Winter 2003）, pp. 229-269。

会制定了《公平住房法》，其主要内容在于降低限制低收入群体和少数族裔获得住房的门槛，并设有具体条款规定［42 U.S.C. 第 3604（a）］，"……任何因为种族、肤色、宗教，……或国家原籍而拒绝给予住房或使其无法得到住房的行为都是违法的"。种族的歧视往往与经济上的不平等紧密联结，《公平住房法》也在制度上关注对低收入群体住房获得的平等对待问题。此后，国会于1993年启动了希望六号项目，拨款对公共住房项目进行拆除和再开发，实现公共住房租客的多元化，其目标涵盖了"促进经济融合与贫困人口分散化"①。1998年国会颁布《住房质量和工作责任法》以解决贫困集中化问题，促进收入融合，规定地方公共住房管理局在出租空置单元时，应考虑现有住户的收入水平，将收入更高的住户分配到收入更低的项目中，而收入更低的住户则分配到高收入项目中。②

另一方面，法院运用宪法平等条款和《公平住房法》有关平等对待的具体条款，对区划的内容之排除少数族裔或低收入人群的情形进行了判决。其判决内容还带动了地方政府积极的立法和行政措施去减少不同人群在居住上的空间不平等性。

首先，在住房区划涉及种族歧视的领域，法院开始运用降低证明标准的方式来保护少数族裔获得住房的权利。1977年美国联邦巡回法院在大都市住房开发公司诉阿灵顿高地村（Metropolitan Housing Development Corp. v. Village of Arlington Heights）案件中，法官区分了歧视动机和歧视效果的二分判断方法，认为尽管无法证明市镇拒绝批准区划拥有歧视黑人的动机，但其实际上造成了歧视黑人的后果（因为符合联邦资助的低收入人群住房主要是黑人族裔）。因此，在一定的条件下，只要有证据显示存在歧视的效果，不需证明歧视动机，就违反了《公平住房法》的平等条款。此后，美国住房和城市发展部（HUD）在2013年还发布行政规则规定了

---

① 参见［美］阿列克斯·施瓦茨《美国住房政策》，中信出版社2008年版，第163—164页。

② 同上书，第171页。

《公平住房法》上构成歧视效果的具体标准。①

同时，根据《公平住房法》，联邦对州和地方的住房资助必须与"1964年《民权法案》和《公平住房法》相一致，受资助人应当对住房不公平进行纠偏"②。这就要求受资助者要调查分析本地不同族裔在住房机会和选择上的影响，发现公平住房选择的阻碍，并采取合适的手段克服这些阻碍，否则就有可能因违法而被提起诉讼。③

其次，住房的不公平更普遍地表现为对低收入人群的歧视，抑或说在空间上造成了贫富人群居住的隔离。经济（收入）歧视方面，通过新泽西州的劳雷尔山系列案件，自愿或强制性的包容性区划政策得到了广泛的推广，成为解决住房空间不平等（隔离）的重要法律制度。

许多地方政府都曾经试图排除穷人居住，不批准联邦住房资助房屋的建设许可，并曾因此被提起诉讼。④ 也有许多地方的区划内容使可负担的住宅无法在其辖区获得建设许可。但是，对穷人的差别对待在美国宪法审查中不属于嫌疑归类，不适用严格审查，很少被联邦或州的法院判决违宪。⑤1975年新泽西州 Southern Burlington County NAACP v. Township of Mount Laurel 案（劳雷尔山 I 案）中，新泽西州最高法院判决市镇有义务通过区划政策，提供切实的机会来满足地区内中低收入者住房份额需求。但劳雷尔山 I 案确立的"劳雷尔山原则"（Mount Laurel Doctrine），对地方政府确立的仅是消极的住房保障的规划义务。劳雷尔山 II 案中新泽西最高法院则确认地方政府必须承担保障性住房"公平份额"（Fair share）的建设义务，认为"公平份额"本应属于行政机关专业的领域，然而由于立法和行政的不作为，不得已由司法主动提出地方政府应采取具体的积极措施，譬如通过密度奖励（Bonus zoning）或者强

---

① Robert C. Ellickson, Vicki L. Been, Roderick M. Hills (Jr.), "Christopher Serkin, Land Use Controls: Cases and Materials", *Wolters Kluwer Law & Business*, 2013, p.750.

② 42 U.S.C. 第 5304（b）（2）。

③ United States ex rel. Antidiscrimination Center of Metro New York, Inc. v. Westchester County, 668 F. Supp. 2d（S.D.N.Y.2009）.

④ Morales v. Haines, 349 F. Supp. 684（N.D.iii. 1972）.

⑤ Robert C. Ellickson, Vicki L. Been, Roderick M. Hills (Jr.), "Christopher Serkin, Land Use Controls: Cases and Materials", *Wolters Kluwer Law & Business*, 2013, p.758.

制预留比例（Set-aside）等包容性规划政策手段，来推进中低收入人群的住房建设。① 通过这种司法能动方式，新泽西州最高法院借助劳雷尔山Ⅱ案强制推动了包容性住房政策在该州的推广。

在法院判决的影响下，许多州的立法机关开始采取各种手段来鼓励地方政府提供可负担住房，要求地方的区划中纳入某种形式的可负担住房。例如，加州颁布了一项立法，要求每个地方政府都要制定一个综合性的、长期的规划纲要，其中必须包含"住房要素"。而"住房要素"的内容包括评估地方现有和未来的不同收入层次人群的住房需求，其中特别要分享地区内部（regional）人口的住房需求，明确满足地区内分享的人口住房需要的具体选址等。地区内分享的住房需求由地区政府委员会（regional councils of governments）在市镇间分配。除了加州以外，也有一些州采取了同类办法。

不同于加州这种自下而上的方式，俄勒冈州则是通过自上而下的方式促进可负担住房的建设。州立法机关建立了19个州层面的土地利用规制的目标，并要求其地方社区制定与这些目标相一致的综合性规划。其中第10项目标就是要求地方的规划要鼓励适合各种经济能力家庭和灵活选址的、多样的、充分的住房供给。地方的规划必须通过州土地保存与开发委员会审查批准。俄勒冈州法院也对第10号目标进行了非常严格的解释。②

（二）公平的价值所在与制度保障

公平在保障房选址的问题上并不仅仅是一项抽象的法律价值，而是意味着可以衡量和计算的社会成本。从美国住房制度的历史来看，保障性住房的集中建设必然会带来居住空间的不平等问题，如果与种族问题相结合，可能会造成居住隔离的更严重后果。这一教训实际上不仅在美国出现,在"二战"后广泛接受移民以及大量建设公共住房的法国、英国等国家也普遍存在。迄今为止，美国不同人群之间的居住隔离现象虽有改善但依然不容乐观，公共住房社区的高犯罪率、可负担住房区划难以被中产阶级社区接受的现

---

① Southern Burlington County NAACP v. Township of Mount Laurel, 92 N. J. 158, 456 A. 2d 390（1983）.

② Robert C. Ellickson, Vicki L. Been, Roderick M. Hills (Jr.), "Christopher Serkin, Land Use Controls: Cases and Materials", *Wolters Kluwer Law & Business*, 2013, pp.779-784.

状是地方政府立法和行政面对的主要议题。① 可见，居住的空间分异一旦形成，将会产生代际传递的作用，而且住宅这一不动产的空间布局很难通过简单的手段加以改变，一旦最初在保障房选址制度上不进行设计，就可能会带来难以改变的空间分异和社会分层，并产生未来难以负担的社会成本。

如上文所述，一方面，美国的联邦政府和州政府在立法和司法上都采取了一定的方式来削减这种"不公平"现象。其中，通过专门的立法——《公平住房法》来确立住房获得的公平性以及通过法院判决带动地方政府对包容性区划的采用是解决这一问题极有价值的制度，值得其他国家反思和借鉴。但是，另一方面，美国历史上公共住房带来的隔离问题、宪法上私人财产权保护条款对包容性规划的限制导致许多州或地方的包容性难以被推行，而平等保护条款又对经济分类束手无策，也成为其解决居住隔离难题的制度障碍，值得其他国家引以为戒。

第三节　城市土地国家所有与空间正义

我国房地产的市场化改革，打破了单位制的空间结构，在大城市形成了空间不平等现象。高比例封闭小区的居住排斥、城市流入非户籍人口的居住贫困与排斥、保障性住房空间分布的集中性与边缘性等现象不仅与土地使用权市场化带来的排他性有关，而且与宪法第10条建立的城市土地国家所有制密切相关。以美国为例，土地私有制下的空间分异主要由排他性区划所导致，大城市和郊区的"业主选民"制度进一步阻碍混居。美国的区划制度改革、司法赋予政府公平负担义务尽管一定程度改善了居住隔离，但在规划决策机制的系统性难题、诉讼的有限性等方面仍面临困局。对比两国在物权制度、城乡规划制度、地方政府组织形态及中央地方关系

---

① 在城市空间上对经济上不同阶层进行融合这一命题也有诸多批评和反对。许多经济和规划领域的自由派学者认为市场的效率必然带来分层，过度矫正，反而危害了经济秩序，没有必要加以规制。甚至有学者还指出，没有人在道德上有义务去负担居住在不适合其负担能力的社区。参见 Peter Schuck, *Diversity in America: Keeping Government at a Safe Distance*, Harvard University Press, 2003。

等异同，我国应当在城市土地国家所有制下发挥城市人民政府土地管理部门公益形成的行政职权，在制度建设上剥离其土地所有权人代表的身份，完善城市居民均衡参与规划决策的程序，克服财产权的排他性，进而发展纳入混合居住规划的有效机制。

一 制度性因素：城市土地国家所有制

上述三个方面我国城市居住空间分异的典型现象虽然也有着与土地私有和市场化国家类似的制度因素，例如"伴随着城市规划对空间细分的推动，市场力量通过空间的产生、交换和使用的渠道助长了社会空间的隔离"[1]，然而不可忽视，我国土地制度中还蕴含了导致这些现象的一个极具特色的制度——城市土地国家所有制。具体表现在以下几个方面。

（一）土地使用权出让制度的必然结果

区别于私人土地所有权的开发模式，我国土地出让更易形成同质性的大型社区，排除混居。究其原因，土地出让模式、出让条件以及开发商的开发模式成为大型商品房社区形成的主要原因。

根据《宪法》第10条第1款、《城市房地产管理法》第8条、《城镇国有土地使用权出让和转让暂行条例》的规定，20世纪80年代开始推行的建设用地开发制度是以"城市土地国家所有"为基础，私人的土地使用者通过向国家支付土地使用权出让金，获得一定年限的国有土地使用权，进而进行开发、交易的制度。这种由地方人民政府土地管理部门代表国家行使权利，私人开发商主要通过与地方人民政府土地管理部门签订土地使用权出让合同获得开发权的土地开发模式，使地方人民政府主导了城市空间开发的结构。作为土地的出让方，早期基于城市更新的迫切性，地方人民政府与大型开发商合作，成片开发旧城区。2002年国土资源部发布《招标拍卖挂牌出让国有土地使用权规定》，土地出让招拍挂的严格执行，导致了地方人民政府土地管理部门在出让之前先通过土地储备将旧城区或集体所有土地收储，进而有计划地进行出让。在以上的制度条件下，都出现

---

[1] ［美］阿里·迈达尼普尔：《社会排斥和空间》，［美］理查德·T·勒盖茨、［美］弗雷德里克·斯托特 英文版主编，［美］张庭伟、田莉中文版主编《城市读本（中文版）》，中国建筑工业出版社2013年版，第159页。

了大面积的地块出让。围绕出让制度的相关房地产开发制度，特别在《城市房地产管理法》中规定的开发商的资质、房屋的预售融资制度，进一步促成了大面积地块的一次性出让和规划建设。[①] 大型的开发商，有的通过股份合作，有的通过银行贷款和预售获得资金能力，投资开发大面积的土地。[②] 一次性获得成片土地后，开发商考虑土地价格的上涨，则普遍采取分期逐步开发的模式。从而令封闭式小区成为现实。

同样可以发现，建筑物区分所有权在法律上被肯定的过程为这种封闭小区模式提供了法律支持。建筑物区分所有权制度突破了独立建筑物的产权形态，在法律上承认小区内不同建筑物之间的土地使用权也可属于建筑物区分所有权的共有部分。例如，《物权法》第73条"建筑区划内的道路，属于业主共有，但属于城镇公共道路的除外……"从而使封闭式小区的内部管理成为可能。

(二) 城乡规划决策者与土地所有权人代表同一的困局

建立在私人所有权基础上的房地产开发本身就会产生空间不平等，因为所有权的特征就是排他的。在城乡规划制度出现之后，规划或被土地所有权人利用来进一步排除穷人和不利的用途，或发挥纠正这种所有权排他形成的空间不平等现象，例如要求不同价格的住房混合配建。然而，我国城市的土地国家所有这一制度与我国的城乡规划制度相结合，形成了我国城市特有的空间分异现象，例如大型边缘化的保障房社区、流入人口的居住排斥等现象。其制度的逻辑在于，市、县人民政府作为城市土地所有权人代表利用了其同时作为城乡规划制定者的身份，将低收入人群住房集中建设并排斥非户籍流动务工人口。

根据《土地管理法》第2条第2款，"全民所有，即国家所有土地的所有权由国务院代表国家行使"。理论和实务上，对于国家所有（全民所有）是否是民法上的所有权，存在很大争议。诸多研究提出，这是一种公

[①] 参见《城市房地产管理法》第30、45条。
[②] 在美国，封闭小区的建设前提也是在于开发商要有足够的资金实力购买大片土地的产权，并负担基础设施的建设。See Klaus Frantz, "Gated Communities in the USA—A New Trend in Urban Development", *Espace, Populations, Societes*, 2000-1, pp.106-109.

法上的所有制。[①] 但是，从城市土地国家所有的土地出让制度来看，市、县人民政府本质上是本地土地的所有权人的代表。因为，根据《城市房地产管理法》第 15 条的规定，各个城市的土地使用权出让合同由市、县人民政府土地管理部门与土地使用者签订。市、县人民政府土地管理部门是土地出让合同的甲方，土地出让金支付的主体，而其又是市、县人民政府的管理部门。土地出让金则是市、县政府性基金的主要组成部门，尤其在 1994 年分税制改革之后，土地使用权出让收入基本划归地方人民政府财政收入。而对城市居住空间进行布局和规制的城乡规划（包括作为控制性详细规划依据的城市总体规划和作为具体项目依据的控制性详细规划），其制定主体都由《城乡规划法》第 14、19 条赋予了城市人民政府。

从而，市、县一级城乡规划制定主体与土地所有权人代表重合为同一主体——市、县人民政府（及其土地、规划管理部门）。作为土地所有权人代表的市、县人民政府及其土地管理部门从财产权人的利益考虑，在土地出让过程中希望土地使用权价格更高，收益更多（土地出让金收入增加），同时排除不利的用途。

首先，我国大城市典型的空间分异的大型居住社区建设就是突出体现。大型居住社区不同于美国、法国等国家在市场化机制下形成的低收入人群集中居住，而是地方政府为了实现全民所有土地财产价值最大化，通过城乡规划的决策权限和机制，规划形成的低收入人群集中居住的位于城市边缘的单质化社区。例如，上海市大型居住社区包括保障性住房、市中心旧区改造拆迁安置房以及普通商品房，[②] 主要位于沿外环线到远郊地段选择重点安置基地集中建设。作为选址依据的《上海市大型居住社区第二批选址规划》体现了上海市政府对保障房的年度建设数量要求、建设部住房套型结构比例要求和地方土地财政收入最大化的综合考量。

其次，人口流入城市城乡规划对住房供给的规划，总体上也体现了城市人民政府对非高学历、非技术、非户籍中低收入人口的排斥。而这种住

[①] 参见成协中《城市土地国家所有的实际效果与规范意义》，《交大法学》2015 年第 2 期；梅夏英《民法典编纂中所有权规则的立法发展与完善》，《清华法学》2018 年第 2 期。

[②] 上海市征收补偿的房屋置换方式对大型居住社区形成也起到重要作用，中心城区分散地征收，相对集中地安置在配套商品房基地。

房规划（针对新建的国有建设用地）上的排斥与城乡土地二元所有制相结合，就形成了在诸多城市中出现的城中村空间隔离现象。①

（三）通过出让合同条款落实规划的弊端

我国土地出让的制度，给予了城市人民政府规划管理部门在合同意思形成过程中灵活加入规划条件的途径。《城乡规划法》第38条规定，在国有土地使用权出让前，城市、县人民政府城乡规划主管部门应当依据控制性详细规划，提出出让地块的位置、使用性质、开发强度等规划条件，作为国有土地使用权出让合同的组成部分。通常而言，出让协议中的规划条件是直接依据该地块法定的控制性详细规划的指标得出的，然而，也有诸多情形是，控制性详细规划尚未规定，但规划管理部门直接在合同合意过程通过使受让方接受，形成新的规划指标，并写入出让协议的规划条件条款。

保障房配建就是在出让协议中灵活处理配建的规划内容，开发商自由选择是否接受配建和相应的出让价格。然而，这种过于灵活的、不受限制的"竞配建"方式带来了空间隔离的问题。具体而言，我国保障房单个项目配建中，配建比例往往不是控制性详细规划事先根据地块的人口和居住需要设定，而是在出让土地使用权的环节，通过竞投的方式来决定，即所谓的"限地价、竞配建保障房面积或资金"。根据国土资源部、住房和城乡建设部《关于进一步严格房地产用地管理巩固房地产市场调控成果的紧急通知》的规定，溢价率超过50%的房地产用地，包括商服、住宅或商住综合，要及时调整出让方案，采用"限房价、竞地价"或配建保障房、公共设施等办法出让土地。即当出让宅地竞价溢价率达到50%后，停止竞争地价，改为开发商竞争配建保障房面积或保障房建设资金。竞投结束后，在项目用地出让合同中，再将竞投的保障房建设面积、单套建筑面积、套数、套型比例、建设标准、建成后无偿移交产权等事项载入具体合同条款。②

---

① 参见陆影《社会空间视域下的"城中村"隔离问题》，《学术研究》2015年第12期；赵聚军《跳跃式城镇化与新式城中村居住空间治理》，《国家行政学院学报》2015年第1期。

② 例如上海市建设用地土地出让合同中具体条款规定，"本合同项下宗地范围内配建保障性住房建筑面积应占该宗地规划总住宅建筑面积的5%以上，计＼平方米以上。受让人同意上述配建保障性住房按规定移交给住房保障机构"。

由于配建的规模是通过竞投得出的，开发商要回本盈利，只有用商品房的利润平衡配建的限价房，并尽可能将商品房卖出高价。"限地价、竞配建"的方式，往往将这种平衡能力逼至极限，决定了一边是极高密度的保障房，一边是高端商品房，两者形态差异巨大。[①]2017年，深圳和北京都爆发了商品房业主与保障房业主的矛盾，两地都表现为商品房与保障房之间隔离围墙、互争小区停车位和花园等现象。[②]尤其是北京市商品房与限价房建成后，房屋品质、价格、物业管理费用差异巨大，直接导致规划上的配建、包容性社区在现实中被围墙分隔，实质上不但没有实现配建的融合目标，而且导致矛盾更加深化。

二　土地私有制下正义城市的路径与局限

相较于我国城市土地国家所有这一因素，在土地私有的国家，居住空间分异现象的制度性因素则有所不同。

（一）财产权的排他性与居住隔离

以美国为例，其宪法保护私人财产权。建立在土地私人所有基础上的市场交易机制以及区划制度，都强化了财产权的排他性，使住房的空间根据财产的价值、收入的差距形成了自然的分异甚至隔离。由地方立法机关通过的区划，具有对土地的使用进行公共限制的法律效力，保护了居住用地免受商业和工业用地的负面影响，并避免了过度拥挤、交通堵塞和采光不足等，但是也成为现有业主和地方政府排除低收入人群进入社区的法律工具，以保障物业的价值、社区的优质乃至降低地方政府的财政支出。[③]

[①]《北京保障房商品房被分割管理　保障房难享"无差别待遇"》，《北京日报》2017年8月14日。

[②] 参见财新网2017年9月12日报道：《北京龙湖小区拆墙斗争背后的保障房"黑洞"》（http://china.caixin.com/2017-09-12/101144053.html）。《业主大战公租户　"租售同权"没那么简单》，《中国青年报》2017年8月17日第02版。

[③] 参见卢超《通过市场主体实现住房保障之国家义务——美国包容性规划法律政策的启示》，《比较法研究》2014年第5期；凌维慈《城市规划与住房保障》，朱芒、陈越峰主编《现代法中的城市规划：都市法研究初步》（下卷），法律出版社2012年版，第504—528页。中低收入人群的引入将会带来更多公共服务的支出，这将迫使地方政府提高税收。See Jeffrey M. Lehmann, "Reversing Judicial Deference Toward Exclusionary Zoning: A Suggested Approach", *Journal of Affordable Housing & Community Development Law*, Vol. 12, No. 2（Winter 2003）, pp. 229−269.

联邦公共住房的建造也由于白人社区选民的反对,导致其多是建造在居民人口收入较低的社区,这种选址与少数族裔的经济穷困问题相结合,造成了种族上的居住隔离。[①]

20世纪70年代之后,"邻避运动"(Not In My Backyard)运动的兴起,进一步强化了区划程序中,邻人、房产选民(neighbors, homevoters)法律上的参与分量。[②]为了修正居住分异的现象,为低收入人群提供可负担住房,要求住宅开发项目预留一定比例可负担住房的包容性规划应运而生,然而,郊区的中产阶级社区和大城市社区的业主都反对在社区中修建可负担性住房,抵制这种对居住分异和隔离进行修正的制度,导致了隔离的固化,劳雷尔山系列案件[③]就是其典型的表现。

(二)实现正义城市的法律路径

1. 通过宪法诉讼施加公平负担义务

居住隔离现象可能有违宪法上平等权保护的条款,因此,国会早在1960年就制定了《公平住房法》,具体规定[42 U.S.C. 第3604(a)]"……任何因为种族、肤色、宗教,……或国家原籍而拒绝给予住房或使其无法得到住房的行为都是违法的"。在司法层面,法院则运用宪法平等权条款和《公平住房法》的上述条款,对区划内容排除少数族裔或低收入人群的情形进行判决。有的地方政府试图排除穷人居住,不批准联邦住房资助房屋的建设许可,并因此被提起诉讼。[④]也有地方的区划内容使可负担的住宅无法在其辖区获得建设许可,从而地方政府被少数族裔权利保护的团

---

① 参见[美]阿列克斯·施瓦茨《美国住房政策》,中信出版社2008年版,第151页。

② 威廉·A. 费舍尔认为20世纪70年代,郊区的市民开始反对城市更新,这些运动改变了城市规划的机制。See William A. Fischel, "The Rise Rise of the Homevoters: How the Growth Machine Was Subverted by OPEC and Earth Day", *in Evidence and Innovation in Housing Law and Policy*, edited by Lee Anne Fennell and Benjamin J. Keys. Cambridge, UK: Cambridge University Press, 2017.

③ 劳累尔山案件是以1975年、1983年新泽西州最高法院审理南伯林顿有色人种协会与劳雷尔山镇争议镇是否负有规划提供可负担住宅义务的案件。这一系列案件诉讼过程中,尤其是在经历30年左右的时间,可负担住房的项目才开工,体现了包容性规划这种对居住隔离进行修正的制度在当地的居民中所遭受的强大阻力。参见[美]道格拉斯·S. 梅西、兰·奥尔布赖特、瑞贝卡·卡斯诺、伊丽莎白·德里克森、大卫·N. 肯锡《攀登劳雷尔山——一个美国郊区围绕保障性住房的抗争及社会流动》,朱迪、张悦怡译,社会科学文献出版社2017年版。

④ Morales v. Haines, 349 F. Supp. 684 (N.D.iii. 1972).

体诉诸法院。法院的判决尤其是劳雷尔山案件的系列判决体现了司法部门在主导规划的行政部门怠于作为时，运用平等权条款和公共福利条款，积极主动地提出了改善隔离的具体措施。

1975 年新泽西州南伯林顿县有色人种协进会诉劳雷尔山镇案[①]（劳雷尔山 I 案）中，劳雷尔山镇的区划规定，所有的居住区只允许单户分离式的住宅。一审法院认为劳雷尔山镇的这种区划采取了非法经济歧视的方式，违反了宪法，判定区划无效。上诉审中，新泽西州最高法院认为劳雷尔山镇的区划禁止复合式的住宅违反了宪法上"公共福利"的要求，最终判定镇有义务通过区划来承担地区中低收入者住房需求的公平份额，没有履行这个义务的排他性区划无效。[②] 但劳雷尔山 I 案确立的"劳雷尔山原则"（Mount Laurel Doctrine），对地方政府确立的仅是消极的住房保障的规划义务。直到 1983 年劳雷尔山 II 案中，新泽西最高法院确认地方政府必须承担保障性住房"公平份额"的建设义务，认为"公平份额"本应属于行政机关专业的领域，然而由于立法和行政的不作为，不得已由司法主动提出地方政府应采取具体的积极措施，譬如通过密度奖励或者强制预留比例等包容性规划政策手段，来推进中低收入人群的住房建设。[③] 通过这种司法能动方式，新泽西州最高法院借助劳雷尔山 II 案强制推动了包容性住房政策。最终，新泽西州立法机构和州长接受了法院的建议，在 1985 年通过了《公平住房法案》，创建了可负担住房委员会，来解决排他性区划问题，并协助市政府设计和实施计划，以便履行宪法对中低收入人群的住房义务。[④]

在法院判决的影响下，许多州的立法机关开始采取各种手段来鼓励地

[①] Southern Burlington County NAACP v. Township of Mount Laurel, 67 N. J. 151, 336 A.2d 713（1975）.

[②] 参见李泠烨《城乡规划中"公共福祉"的判定研究——一则著名美国案例的分析及其对中国的启示》，《行政法学研究》2012 年第 2 期。

[③] Southern Burlington County NAACP v. Township of Mount Laurel, 92 N. J. 158, 456 A. 2d 390（1983）.

[④] 参见［美］道格拉斯·S. 梅西、兰·奥尔布赖特、瑞贝卡·卡斯诺、伊丽莎白·德里克森、大卫·N. 肯锡《攀登劳雷尔山——一个美国郊区围绕保障性住房的抗争及社会流动》，朱迪、张悦怡译，社会科学文献出版社 2017 年版，第 38 页。

方政府提供可负担住房，自愿或强制性的包容性区划政策得到了广泛的推广，成为解决住房空间不平等（隔离）的重要法律制度。

2. 改变规划程序中业主的权重

另一条重要的途径是纠正区划程序中业主主导区划决定来抵制住房开发和可负担住房建设的制度安排。由于美国的土地属于私人所有，宪法第五、十四修正案规定"不经正当法律程序，不得剥夺任何人的生命、自由或财产"，从而区划这一限制土地权利人使用权的规制就必须以立法的形式来做出。美国地方政府层面的区划通常都由地方议会的议员投票决定。

根据公共选择理论，地方政府的市长或镇长以及地方议会的议员都会存在个人的动机，为了职务晋升和再次获选，就会满足中位投票人的需求。而美国的郊区往往比较小而且同质性强，多数主义政治模式和中位投票者理论可以被应用。威廉·费舍尔就提出了"业主选民（homevoters）"的理论，他认为在很多地方，业主（一户建的房产所有人）对政府的决定有着最重要的影响，因为他们控制着中位的选票，并且他们会实施具体的影响来保护和最大化他们房产的价值。[1] 这一理论不仅在规模小的、房产自有率高的郊区被验证，在美国的政治环境更复杂的大城市也得到了体现。[2]

此外，除了地方长官被中位投票人俘获以外，区划法确立的公众参与制度也为业主主导规划决定提供了空间。早期区划法的立法者为了使区划的决定排除地方党派政治的控制，就在程序中安排了公众参与制度。大多数的区划程序都要求安排二次听证，从而使邻人在区划中起到非常重要的作用。除了听证以外，《标准州区划授权法》还规定了"20%请愿条款"，如果有20%的邻人对区划变更提出请愿，那该区划变更就必须获得3/4的地方议会议员的赞成票才能通过。在这种制度设计中，已有的业主、邻人的权益，在整个程序中被给予了最大限度的考虑。

---

[1] See William A. Fischel, *The Homevoter Hypothesis, How Home Values Influence Local Government Taxation, School Finance, and Land-Use Policies*, Harvard University Press, 2005.

[2] See Been Vicki and Madar Josiah and McDonnell Simon Thomas, "Urban Land-Use Regulation: Are Homevoters Overtaking the Growth Machine?" *Journal of Empirical Legal Studies*, Vol. 11, Issue 2, 2014, pp. 227-265.

可见，排他性区划的重要原因是现有业主对地方政府的主导作用。而利益受损方则是由于没有投票权而被排除在城市政治决策过程之外的潜在进城人员，或者是处于城市政治决策弱势地位的未开发土地的所有者。[①]因此，对排他性区划改革首先要提高受损一方在土地区划方面的发言权。因为这些邻人（反对者）在区划程序中起着如此重要的作用，很多州已经开始限制他们的参与。在立法的层面上，已有改革开始针对区划的决定程序，一定程度地压制地方居民的影响，给予区划专业性决定更多的空间，特别在一些直接民主较为强烈的规划程序中。明尼苏达州就批评区划程序中业主（邻人）的过度影响，并考虑只将业主（邻人）的反对作为区划委员合理决定的一个因素而已。马萨诸塞州"反势利区划法"[②]提供给开发可负担住房的开发商一项特殊的上诉权利，开发商的申请如果被否定或增加了负担，可以绕过地方政府和规划部分，直接向州上诉。[③]理论上，当然还有很多途径改变业主对区划、住房供给的支配，例如威廉·费舍尔提出的给业主们提供房产价值险以解除他们对包容性区划导致房产贬值的忧虑，[④]还有一些学者提出的要求地方政府区划（zoning）服从综合性规划（comprehensive plan）和目标，或者在规划程序中加入更高一级或区域性的审查和批准主体。[⑤]

（三）法律路径的局限

1. 平等权诉讼的有限性

的确，在《公平住房法》的带动下，法院运用宪法平等条款和《公平住房法》有关平等对待的具体条款，对纠正区划排除少数族裔或低收入人

---

① 李学梅、李忠峰：《排他性城市土地规划的理论问题分析》，《地域研究与开发》2014年第3期。

② 马萨诸塞州在1969年就以综合许可法"40B条款"规定，每个市镇如果可负担住房低于住房比例的10%，那么只要开发商愿意拿出项目中的20%—25%住房作为可负担住房，就可以绕开当地的区域规划法而建设高密度的房子。

③ See Been Vicki and Madar Josiah and McDonnell Simon Thomas, "Urban Land Use Regulation: Are Homevoters Overtaking the Growth Machine?" pp.227-265.

④ See William A. Fischel, *The Homevoter Hypothesis, How Home Values Influence Local Government Taxation, School Finance, and Land-Use Policies*, p.260.

⑤ See Been Vicki and Madar Josiah and McDonnell Simon Thomas, "Urban Land-Use Regulation: Are Homevoters Overtaking the Growth Machine?" pp.227-265.

群的现象产生了一定的作用。平等权的诉讼发挥作用，主要是通过降低认定歧视证明标准的方式来促进对少数族裔群体居住的保障。例如在1977年美国联邦巡回法院在大都市住房开发公司诉阿灵顿高地村案件①中，法官认为市镇拒绝批准区划这一行为客观上造成了歧视黑人的后果（因为符合联邦资助的低收入人群住房主要是黑人族裔），就违反了《公平住房法》的平等条款。②2015年联邦最高法院在得克萨斯住房和社区事务部诉包容社区项目公司案中，③多数意见指出，住房和社区事务部将联邦的税收补贴主要分配到少数族裔居住集中的住房，只有这些地区的住房才接受领取补贴的少数族裔家庭，客观上促使少数族裔的居住更加集中进一步固化了事实上的居住隔离，构成了歧视违反了《公平住房法》。

尽管以上的这些诉讼挑战了地方政府阻碍少数族裔群体获得住房的排他性区划和其他土地利用限制，但是从数量和效果上，认为只要具备歧视效果就构成歧视的诉讼和判决在住房领域的应用远远少于就业歧视的领域。④并且，与居住隔离相关不仅仅是种族问题，也包含经济上的歧视，但美国宪法审查中经济上的差别对待不属于嫌疑归类，不适用严格审查，很少被联邦或州的法院判决违宪。20世纪70年代，一些学者试图希望最高法院对宪法平等条款的解释可以引入那种排除低收入群体和工薪阶层住房的区划审查中，最高法院一直拒绝合作，并坚称住房并不是一项基本权，贫富并不适用嫌疑分类。⑤

2. 强制型配建的宪法挑战

配建抑或说包容性区划可以修正规划本身的排他性，促使不同收入的人群混合居住。然而，强制型的包容性区划实施范围仍是非常有限的。强

---

① Metropolitan Housing Development Corp. v. village of Arlington Heights, 616 F.2d 1006.

② Robert C. Ellickson, Vicki L. Been, Roderick M. Hills (Jr.), "Christopher Serkin, Land Use Controls: Cases and Materials", *Wolters Kluwer Law & Business*, 2013, p.750.

③ Texas Department of Housing and Community Affairs v. Inclusive Communities Project, Inc., 135 S. Ct. 2507（2015）.

④ Robert G. Schwemm, "Fair Housing Litigation After Inclusive Communities: What's New and What's Not", *115 Colum. L. Rev. Sidebar 106*（2015）.

⑤ Robert C. Ellickson, Vicki L. Been, Roderick M. Hills (Jr.), Christopher Serkin, *Land Use Controls: Cases and Materials*, p.758.

制型的包容性区划要求开发商预留专门的比例建设可负担住房，强制性条款常常给予开发商丰厚的奖励，并配备有力的执行机制。实践中，美国的西部各州大多采用了强制型的模式，通过在综合性规划中规定可负担住房的要求，并对地方政府的区划产生法律上的约束。①

自愿型包容性规划则完全依赖于激励措施。开发商有选择的自由，最后的选择往往取决于提供激励的多少。当房屋出售得到的回报超过采用包容性区划可能获得的激励，开发商们就会放弃配建。因此，自愿型的约束机制很弱。美国东部的州采用自愿型的较多。由于约束机制较弱，因此采用自愿型的地方很难有效地实现规划的目标。

之所以强制型包容性区划很难推广，因为强制性规定很容易受到法律上的挑战，面对是否违反宪法私人财产权保护条款的司法审查。包容性区划是为了解决中低收入人群的住房而要求土地所有权人承担土地利用上的一种限制，这种限制有可能构成宪法上对私人财产权的一种征收。当然，美国各州的法院对强制性的包容性区划是否违反宪法的财产权条款，判断并不统一，但基本有三种走向。一种是把包容性区划中的限制认定为影响费（impact fee），那么这种财产权上的限制是合宪的；第二种是认为规划权是一种规制权（police power），在现代社会这一权力也包括为低收入人群提供住房，因此可以以此为理由限制土地的使用权，当然如果这种限制配有补偿和激励机制，或者是自愿的，则更易认为其合宪；第三种则要根据诺兰道兰标准，要求地方政府证明其限制与合法政府利益之间有基本关联，并且限制与预期收获的效益之间存在大致的比例性。②地方政府机关被施加了证明政策合宪性的负担，并且这种论证并不容易。

3. 规划决策制度改革的困局

如上文所述，在美国的大城市和郊区，低收入群体的住房被排斥的重要原因是现有业主对规划决定的控制。理论和实务上也提出和采取了诸多改善的措施，然而由于规划决策程序深深嵌入在美国地方政府体制、州政

---

① See Brian R. Lerman, "Mandatory Inclusionary Zoning—The Answer to The Affordable Housing Problem", *B.C. Envtl. Aff. L. Rev.* Vol.33, 2006, p.390.

② 参见蔡怀卿《美国之土地使用法管制以及其宪法许可界限》，《玄奘法律学报》2004年第2期。

府和地方政府法律关系的制度框架内，牵一发动全身，是极为复杂的改革。

具体而言，根据《标准州区划授权法》的规定，规划是州授权给地方政府制定的，无论是综合性规划还是区划，都由地方立法机关来制定。根据区划取得建筑许可则由地方的规划部门来做出。而美国地方政府权力结构由州宪法确立。通常而言，城市乡镇政府官员均由民选产生，其中包括负责决策的市长和市议会议员。市长为政府首脑，承担日常行政职责，但不一定是市议会议员。市镇地方政府的组织模式至少会呈现二种关系。一种是强市长体制。市长拥有广泛的权力，可以任免部门官员，拥有预算建议权，可以行使对市议会决议的否决权。另一种是弱市长体制。市长和市议会共同通过选举产生，市长有任免行政部门官员的权力。市长任免的行政官员表面上对市长负责，但行政官员与市议会的关系往往比与市长的关系更密切，同时市长也很少拥有预算建议权以及否决权。[1] 从而，从地方政府的政治过程来看，业主不仅能通过规划决策的听证程序表达反对意见，而且能够通过投票选举市议会议员多数或市长来主导地方官员的规划决策,确保房产价值最大化的土地规制。[2] 无论是强市长体制还是弱市长体制，业主的选票都对市长和议员选任至关重要。要改变这种业主主导规划的结果，除非改革地方政府组织的产生制度，而这是州宪法和长期历史传统形成的，颇难改变。

三 我国正义城市的实现途径

在对土地私有制下城市空间平等的制度因素和困境进行分析之后，可以对比发现，我国现有的城市土地国家所有制所建构的建设用地产权及其规划制度，应对居住空间不平等问题所应发挥的优势和避免的制度教训。

（一）城市土地国家所有制下财产权排他性的克服机制

我国通过土地出让制度所建构的建设用地使用权、房屋所有权实质上已经确立了我国不动产物权私人所有的基本制度。因此，我国也普遍

---

[1] ［美］文森特·奥斯特罗姆、罗伯特·比什、埃莉诺·奥斯特罗姆：《美国地方政府》，北京大学出版社 2004 年版。

[2] William A. Fischel, *The Economics of Zoning Laws: A Property Rights Approach to American Land Use Controls*, the Johns Hopkins University Press, 1987.

存在着土地私有制国家居住空间分异（隔离）形成的诸多制度因素。例如，基于维护房产价值的小区业主对街区制的强烈抵制、用围墙隔离保障性住房小区的行为，都体现了房产所有人基于财产权价值的一种排他性的行为。

然而，这种反对行为却与美国"业主选民"模型存在制度上较大的差异。美国的排他性隔离是由于已享有房地产权的业主在制度上进入区划的决策程序，直接通过社区的规划委员会尤其是对市议会、市长的投票权来干预区划的决定，排除低收入人权的住房。而我国恰恰是因为业主参与决策的程序机制并不充分，城乡规划程序并未赋予这些主体高度的反对权，抵制不利设施以及低收入人群住房都是通过集体游行、建造小区围墙等事实上的行为，希望影响决策或事实上避免侵害。进而，我国城市表面上不容纳低收入人群住房、住房供给减少现象的因素可能也不是像美国那样通过业主参与规划制定导致的，而是地方人民政府作为土地所有权人代表，为了维持和推高土地出让金价格，以及规划决定者本身是高房价的既得利益者所导致。①

因此，我国应该首先将重心放在如何使地方人民政府在土地出让制度搭建、城乡规划决定中保持确保公益形成的定位，剥离其作为国家所有土地所有权人代表的身份和利益诉求。在土地出让方面，由于城市土地国家所有的特殊构造，出让人垄断了土地所有权，其出让行为会对城市空间形成主导。此时，地方人民政府土地管理部门作为代表公益的行政职权部门应该与出让人身份相脱离，应搭建保证城市空间正义的出让规则，约束出让这一私法上的买卖过程。例如，应当为了避免形成大型的封闭式小区，出台相关规则限制土地出让的面积和开发商的规模。

在城乡规划决策方面，理论上至少可以在以下三个方面进行改革。第一，仍然保持规划决策机制中的地方行政首长负责制，但运用上一级人民政府或中央人民政府的政治机制对其进行约束。第二，弱化地方行政首长负责制，加强规划委员会的决策分量。第三，加强规划程序中公众参与的

---

① 当然不可否认，决定市、县人民政府在城乡规划、住房供给中排除低收入人群的原因还包括产业竞争人才吸引、税收收入等诸多因素。

机制，尤其是要加强土地和房产所有权人以外潜在利害关系人的意见听取制度。① 总而言之，城市土地国家所有不应成为规划决策公益性的障碍，应当实现土地利用的政治多元性，使最终的决定真正代表公共利益的内容，而不仅仅是土地所有权人代表的利益。

其次，我国应当预防出现美国业主选民式的制度困局。我国和美国在规划体制和地方政府的组织形式等方面都存在巨大差异，业主选民的模式并未在我国出现，但近年来的诸多通过非理性方式维护自己房产的价值，反对需要公平负担的不利设施的选址和建设的行为，也对我国的规划制度提出了挑战。我国应该做的不是遏制规划程序的公众参与，而应认识到现有的制度中参与是不足的，亟待建立的是更均衡地使城市中居民各方理性参与规划决策机制。

（二）城市土地国家所有制下纳入混合居住的机制

如上文所述，土地产权私人所有导致强制性的包容性区划难以通过规划的决策程序，并且常常被提起违反宪法财产权保障条款的诉讼，这一困局在我国的规划体制中可以一定程度得到缓解。一方面，城市土地国家所有以及我国行政体制特点，赋予了城市总体规划作为控制性详细规划依据的法律地位，② 使得城市人民政府可以通过编制城市总体规划，纳入混合居住的要求，并约束控制性详细规划的制定，从而使混合居住、配建被落实到控制性详细规划中并被具体执行。而且城市总体规划需要通过国务院或省、自治区人民政府的批准，③ 不但可以一定程度脱离社区业主的钳制，而且可以约束城市人民政府的利益诉求。

另一方面，城乡规划这种"自上而下"的特点可以一定程度补正地方公益形成的偏差，促使地方政府纳入混合居住的规划指标。这一机制通过

---

① 有研究者提出应该在规划程序以及地方政府的决策机制中容纳更多非财产权人的参与，See Pritchett Wendell and Qiao Shitong, "Exclusionary Megacities"。

② 《城乡规划法》第19条规定，城市人民政府城乡规划主管部门根据城市总体规划的要求，组织编制城市的控制性详细规划，经本级人民政府批准后，报本级人民代表大会常务委员会和上一级人民政府备案。

③ 参见《城乡规划法》第15条规定。

行政机关内部的约束,总体规划或建设部的规定①作为根据,规划督查制度作为监督,来促使地方政府规划部门形成公平负担不同收入人群居住的制度,也避免了美国地方层面漫长、成本巨大的公平负担的诉讼。

此外,我国在出让协议中灵活处理配建的规划内容,可以避免美国包容性规划屡屡受到侵犯私人财产权保护宪法挑战的弊端。但规划配建的模式灵活地由开发商自由选择是否接受和相应的出让价格,"竞配建"方式也带了加强隔离的问题。因此,控制性详细规划和土地出让条款中出让规划条件的关系需要进一步厘清。

综上所述,我国城市居住空间分异的重要制度性因素是由宪法第10条所构建的城市土地属于国家所有的制度框架,背后实质是我国政府与市场关系在城市空间配置具体制度中的表现。②相较于土地私有国家的制度成因,理论和制度上应该深刻剖析土地房产的产权制度、城乡规划制度以及相关的地方政府组织形态及中央地方关系等因素,来寻求正义城市的合适路径。

城市的空间正义本质上支配着不同人群的生存和发展空间,而决定居住空间分配的是现代城市的土地与规划法律制度。公法学界常常鉴于城乡规划的跨学科性,而忽视对其的研究,宪法平等权研究的射程也尚未及于规划选址领域。本文试图开启这一领域在法律制度层面上的研究,为我国城市人口多元化和社会融合提供更多制度层面的保障。

住房保障在法律上不仅是物理上住房的保障,还是法律上应受到平等条款约束的权利,其公平的面相必须通过具体的法律制度加以实现。因此美国历史上制定的《公平住房法》与司法上运用平等保护条款限制导致居住隔离的区划制度,这种立法和司法的理念与措施值得借鉴。其中,特别是通过外在的力量,在美国表现为通过司法的力量,促使立法和行政机关在区划中纳入对不同收入人群融合居住的设计,颇有价值。当然以我国的具体制度而言,这种外在的约束并不一定要通过司法机关,可以通过行政机关内部的机制,例如通过规划督察或者总体规划中的目标设定,来促使

---

① 例如建设部文件《关于落实新建住房结构比例要求的若干意见》规定,套型建筑面积90平方米以下住房(含经济适用住房)面积所占比重,必须达到70%以上;控制性详细规划编制工作,应当提出住宅建筑套密度、住宅面积净密度两项强制性指标。

② 参见方长春《中国城市居住空间的变迁及其内在逻辑》,《学术月刊》2014年第1期。

地方政府规划部门形成公平负担不同收入人群居住的制度。美国的包容性区划制度为我国保障房规划配建制度也提供了重要的镜鉴对象，无论是自愿模式还是强制模式，都要求规划部门对不同收入人群的住房需求和土地建设空间的供给情况，进行充分的分析和预测，来确保在规划中不同地块予以"公平负担"。这种"公平负担"的指标和具体选址应通过脱离地方政府财政利益和周边开发商或居民利益束缚的专家及相关程序来形成。

美国历史上联邦政府曾经大规模集中建设公共住房，造成了居住隔离的后果，这应成为各国发展保障性住房所吸取的教训。此外，美国的包容性区划要面对是否违反宪法私人财产权保护条款的司法审查，这种限制有可能构成对土地所有权的征收而违宪或承担补偿的后果。包容性区划还要面对规划程序的复杂考验。由于美国区划通常都要经过地方立法机关的立法程序，而且在此之前还要经过由专家和利益代表等组成的规划委员会，无论是地方立法机关的议员还是规划委员会中的利益代表都极有可能因为他们所代表的中产阶级社区的反对，而导致包容性区划难产。而包容性区划本身也被批评因为通过容积率奖励来激励开发商建设可负担住房，导致规划变更后整体建筑过高，且停车位严重不足。

我国土地出让的制度，在出让协议中灵活处理配建的规划内容，其可以避免美国包容性规划受到宪法私人财产权保护的挑战这一弊端。并且规划配建的模式采取在出让过程中由开发商自由选择是否接受配建和相应的出让价格，这种方式比美国包容性规划中通过容积率奖励来配建可负担住房，引发的配建地块建筑密度过高，对城市规划本身产生危害更能符合公益的要求。但我国出让过程中过于灵活的、不受限制的"竞配建"方式也带了加强隔离的问题。因此需要充分分析利弊，扬长避短。

第八章 国家住房保障义务的构成[①]

第一节 基本住房需要保障义务的羁束性

一 "基本生活"及其保障

要求国家承担全面的保障义务是不现实的,那样只会重新回到低效率的计划分配时代中去。但是完全对国家如何承担义务没有约束机制的制度,也是不符合现代福利国家理念的。因此必须找到一种方法,在符合住房市场本身规律、又与其他相关制度相匹配的条件下,来界定国家义务的边界。首先,在以上多层次的住房供应体系和规制措施中,必须划定国家所必须严格履行的保障义务,为我国的最低生活保障制度提供一种划定界限的启示。

建立在宪法第 45 条物质帮助权基础上的《城市居民最低生活条例》(以下简称《条例》),在立法政策上,赋予任何一位"持有非农业户口的城市居民,凡共同生活的家庭成员人均收入低于当地城市居民最低生活保障标准的,均有从当地人民政府获得基本生活物质帮助的权利"。(第 2 条)即国家对于低于"城市居民最低生活保障标准"的城市居民,必须提供基本生活物质帮助,是一项羁束性的法律义务。可见,尽管宪法上没有明示,但在具体化宪法第 45 条物质帮助权的立法上,已经确立了国家保障城市居民实现"基本生活"的法定义务。

根据《条例》第 1 条的目的规定,该制度是为了保障城市居民的"基本生活",然而对于什么是"基本生活",《条例》并没有进行描述,其

[①] 本章的部分内容曾以"论国家住房保障义务的构成"为题,发表于《华东师范大学学报》(哲学社会科学版)2013 年第 5 期。

他的法律法规也并无涉及，根据《条例》第1条和第2条，可以发现，国家为了保障"基本生活"，赋予所有低于最低生活保障标准的居民有权获得物质帮助，那么也就意味着，这种"基本生活"应是一种不低于"最低生活保障标准"的生活。国家有义务保障这种最低限度的"基本生活"，因为现代立宪主义国家已经对应由国家来保障公民最低限度具有尊严的生活这一基本价值达成了共识。

例如在日本，《宪法》第25条第1款规定"所有国民，均享有营构在健康和文化意义上最低限度生活的权利"，第2款规定"国家必须就一切生活领域和层面，努力提高和增进社会福利、社会保障以及公共卫生"。判例上的"分离说"理论，把《宪法》第25条生存权条款第1款和第2款严加区分进行解释，将第1款"所有国民均享有营构在健康和文化意义上最低限度生活的权利"理解为是为了确保"最低限度的生活之保障"，"最低限度"是绝对的基准，国民得以请求国家予以绝对的保障，法院对有关立法是否实现了"健康和文明意义上最低限度生活的权利"也应进行严格的司法审查。而第2款"国家必须在生活的一切领域为提高和增进社会福利、社会保障以及公共卫生而努力"则是为了达成第1款生存权保障的目的和理念，规定了国家努力的义务。[①]

在国际法层面，《经济、社会和文化权利国际公约》第11条第1款明确规定人人有权获得"相当的生活水准"。

> 本公约缔约各国承认人人有权为他自己和家庭获得相当的生活水准，包括足够的食物、衣着和住房，并能不断改进生活条件。各缔约国将采取适当的步骤保证实现这一权利，并承认为此而实行基于自愿同意的国际合作的重要性。

对于包括该条款在内的经济社会权利，联合国经济、社会和文化权利委员会（以下简称"委员会"）在对各国政府报告进行广泛审查的基础上，

[①] 这一学说来自堀木诉讼上诉审的判决，并被若干下级审的判决所沿用，但最高法院的判例并未采用。参见［日］芦部信喜《宪法》，林来梵、凌维慈、龙绚丽译，北京大学出版社2006年版，第233—234页。

提出并发展了"最低核心义务"的概念，承认经济和社会权利的某些要素为国家创造了一种立即实现的义务，这种义务不受"逐渐实现"的义务的限制，并以此作为评估政府义务的基础。在1990年发布的"关于缔约国义务的性质"的第3号一般性意见中，委员会通过"每种权利的最低基本水平"来界定政府相应的"最低核心义务"，并列举了各种类型的最低基本水平，如基本粮食、基本初级保健、基本住房和最基本的教育形式。正是因为这些基本需要是维护人的尊严不可或缺的，所以它们为"最低核心义务"提供了价值基础。这种"最低核心义务"的履行仅仅受到该国国内的资源有限性的限制，一缔约国如要将未履行核心义务归因于缺乏资源，它就必须表明已经尽了一切努力，利用可得的一切资源作为优先事项，履行了最起码的义务。①

我国宪法上尽管没有规定国家必须保障公民的"基本生活"，但在立法层面毫无疑问已经确立了国家保障城市居民"基本生活"的法定义务。并且《宪法》第14条第4款"国家建立健全同经济发展水平相适应的社会保障制度"，即意味着，既然我国在法律制度上采取了绝对保障城市居民"基本生活"的义务，那么这个"基本生活"的保障标准应是与经济发展水平相适应的，国家对城市居民"基本生活"的保障义务在宪法层面上也受到了严格的拘束。

二　"基本住房需要"②的保障义务

（一）以"基本生活"为目标的住房保障

"住"作为"基本生活"的内容之一，国家当然应当对此承担相应的保障义务，《条例》的最低生活保障待遇中就包含了"住"的保障，该《条例》第6条规定城市居民最低生活保障标准，按照当地维持城市居民基本生活所必需的衣、食、住费用，并适当考虑水电燃煤（燃气）费用以及未

---

① 张雪莲：《经济社会权利"最低核心义务"的概念分析》，《学术交流》2009年第10期。
② "基本住房需要"是"基本生活"在"住"的方面的体现，《城镇最低收入家庭廉租住房管理办法》第1条目的规定就提出了"为……保障城镇最低收入家庭的基本住房需要"这一概念。正在立法阶段的《住房保障法》的专家建议稿第1条也明确提出"满足城乡居民的基本住房需要"，确立"保基本"的原则。参见起草专家组成员申卫星的访谈，载于http://www.dinju.com/news/news_show_9754.html。

成年人的义务教育费用确定，从其标准确定的依据上来看，其待遇包含了居民基本生活所必需的"住"的费用的支出。

但是，尽管《条例》第6条规定"住"的费用是确定城市居民最低生活保障标准的依据之一，从各地的具体标准来看，实际的救助金额若针对特定的无房户或住房困难者支付市场租赁的房屋租金，是远远不够的，[①]因此有学者就曾指出现有的最低生活保障只是单一的生活救助，而缺少对特定生活内容，如住宅、教育等的救助，这也致使很多地方政府出台廉租房政策等单项性救助。[②]地方立法上也的确反映了这一特征。廉租房分配一般作为单项性或分类的救助，对符合最低收入标准并在居住上困难的居民，在最低生活保障以外进行补助。[③]这也可以从廉租房准入标准中得到验证。例如最早试点实施廉租住房制度的上海市在其2000年实施的《城镇廉租住房试行办法》中规定人均收入不超过本市城镇居民最低生活保障标准、拥有私有住房和承租公有住房的居住面积不超过人均5平方米作为申请廉租住房的基本准入标准。2005年建设部制定的《城镇最低收入家庭廉租住房管理办法》（以下简称《管理办法》）吸收了这一规定形式，该法第1条规定"为……保障城镇最低收入家庭的基本住房需要"，并在第4条中规定"符合市、县人民政府规定的住房困难的最低收入家庭，可以申请城镇最低收入家庭廉租住房"。可见，对于家庭收入无法维持最低衣物、食物等基本开销的城市居民，在获得最低生活保障后，其收入仍然无法改善被有关规范确认为是最低居住标准的居住条件的，国家应对其进行住房实物或租金的配给。

（二）羁束性

廉租房作为对最低收入家庭基本住房需要的保障，应与最低生活保障一样被作为一项羁束性的法律义务乃至宪法义务由国家来承担。因为，首

[①] 例如，以上海市为例，2010年刚调整的最低生活保障标准是每月人均450元，以三口之家计算每月每户为900元补助，租赁市场低端的一室户房屋，月租金也在1500元左右。

[②] 韩君玲：《我国最低生活保障标准的法制现状与完善》，《法学杂志》2008年第1期。

[③] 例如《青岛市城市居民最低生活保障工作规定》第40条规定了分类救助的项目，其中第5项就是"对符合《青岛市城镇最低收入居民家庭住房保障管理办法》规定的城市低保家庭，通过发放租金补贴、提供配租廉租住房和减免现住公房租金等方式，实施基本住房保障"。

先廉租房是最低生活保障内容之一，是对基本住房生活的单项性救助，它应与最低生活保障的性质相同，既然立法已经确认低于最低生活保障标准（基本生活标准）的城市居民均有权获得国家的保障，那么低于基本生活中住房标准的城市居民也应均有权获得国家廉租住房的补助，是一项羁束性的义务。其次，根据上文论述可知，无论是《经济、社会和文化权利国际公约》还是各国的宪法都承认国家应对公民的最低限度的基本生活进行保障，对这种国家的作用和功能达成了共识，其中当然地包含了对基本生活中的"住"的保障。因此廉租住房作为最低限度的居住条件的保障，其对国家权力的约束，也应被宪法所确认。

第二节 "基本住房需要以上"的保障义务与政策形成自由

一 "基本住房需要以上"的保障

现代福利国家在住房保障领域都远远超越了最低限度的保障，而试图就所拥有的财力和人民之需求，尽可能提供住房的供给。我国在抑制房价和提供保障房的制度建构中，也将最低生活保障水平以上的中等收入群体以及普通家庭的自主需要作为国家保障的对象，从而形成一系列旨在保障"基本住房需要以上"需求的住宅政策。

从 1994 年迄今，以下的住房保障制度以及其他的市场规制措施承担着这一功能。这些制度试图从住房供给、税收免除以及住房贷款优惠等方面为中低收入住房困难群体和普通家庭的自住需求提供国家的资助。

（一）经济适用房和公共租赁住房的供给

经济适用房属于基本住房需要以上的补助。1994 年建设部制定的《城镇经济适用住房建设管理办法》第 3 条明确提出"经济适用房是指以中低收入家庭住房困难户为供应对象"，2007 年建设部等 7 部委联合发布的《经济适用住房管理办法》中将供应对象进一步界定为"面向城市低收入住房困难家庭供应"（第 2 条），但与廉租房的供应层次关系并没有发生变化。

因为，1998 年第 23 号文确认"最低收入家庭租赁由政府或单位提供的廉租住房；中低收入家庭购买经济适用住房"，经济适用住房是提供给排除最低收入接受廉租补助家庭以外的中低收入家庭，面对法定最低生活标准收入以上的低收入家庭和中等收入家庭的住房困难者。即这一群体尽管收入低、住房也困难，但并不属于家庭收入无法维持法定基本生活的类型。此外，从《经济适用住房管理办法》的立法目的来看，规章本身只是指出经济适用住房是面向城市低收入住房困难家庭供应，具有保障性质的政策性住房，并未提及是为了保障何种程度的住房需要，而只是阐明为了"保护当事人合法权益"。当然，"基本住房需要"在不同人的观念中评价的标准具有主观性，特别是在我国经济适用住房主要针对低收入者、传统上以自有住房作为成家立业标准、经济适用住房收入群体在住房市场上无法购得收入可负担住房的情况下，申请经济适用住房的群体大多会认为经济适用房正是为了满足"基本住房需要"，但从法律的明文规定上来看，它应是在"基本住房需要"以上的一种保障性住房。①

2012 年建设部制定《公共租赁住房管理办法》，旨在针对城镇中等偏下收入住房困难家庭、新就业无房职工和在城镇稳定就业的外来务工人员，通过租赁的方式保障其住房需要。各地方具体实施的公共租赁住房制度一般对收入都无严格限定，甚至将人才公寓也作为公共租赁住房的类型之一，从而使公共租赁住房成为保障有稳定就业和中等收入但尚未购房的过渡群体的保障性住房类型。

(二) 普通商品住房建设的鼓励政策和普通自住需求的保障

普通商品住房概念是在 2005 年 4 月建设部等部委发布《关于做好稳定住房价格工作的意见》中首次提出，是国家在面对商品房价格高涨、远远脱离了居民收入水平的背景下，试图通过对规划审批、土地供应、信贷、

---

① 经济适用房的定位在住房保障体系中的确存在问题，经过修正的经济适用房管理办法以低收入群体为保障对象，但其采用购买产权的方式，使大量真正的低收入群体无法负担房屋价格。例如上海市经济适用房试点中出现购房者难以申请到银行贷款的难题，新推出的准入资格提高申请者收入标准，将人均月可支配收入限额由试点的 2300 元放宽至 2900 元，人均财产限额由 7 万元放宽至 9 万元，经济学者陈杰也指出，根据经适房保障低收入人群住房的想法，这些家庭不应算是受保障对象，与原始目标有所偏离，其公平性值得商榷。其背后的问题也在于保障"基本住房需要"的与经济适用住房相匹配的廉租住房准入标准是否过低。

税收的政策帮助，引导房地产公司建设"中小套型、中低价位普通住房"，从而改善住房的供应结构，保障中低收入群体住房需求的措施。①

首先在土地供应上，2006年国务院办公厅转发建设部等部门《关于调整住房供应结构稳定住房价格意见》的通知中提出了普通住房采取"双限双竞"，即"土地的供应应在限套型、限房价的基础上，采取竞地价、竞房价的办法，以招标方式确定开发建设单位"，北京和广州等地方也随即展开了双限双竞住房制度的建设，并将供应对象指向中等收入群体。双限双竞房主要通过在规划条件上限制房型面积、限制房屋销售价格，但在土地出让时降低土地出让金的方式，鼓励开发商建设中小套型普通住宅，保障中等收入群体获得更多可承受住房的购买选择权。

其次在规划审批上，建设部采取了限制建设自由的方式，通过在规划上设定条件并提高其比例，强制地提高中小套型普通住房的建设量。即2006年《关于调整住房供应结构稳定住房价格意见》中，建设部提出了商品住房建设中套型建筑面积90平方米以下住房要达到70%的比例，紧接着在7月的建设部《关于落实新建住房结构比例要求的若干意见》中进行了具体化，②要求在控制性详细规划中明确住宅建筑套密度（每公顷住宅用地上拥有的住宅套数）、住宅面积净密度（每公顷住宅用地上拥有的住宅建筑面积）两项强制性指标。

显而易见，国家针对普通商品住房的一系列政策，其目的是增加中等收入群体购买其收入可承受的住房的市场供应量。中等收入群体若以其收入维持基本居住条件，可采取租赁住房或购买价格较低住宅的方式，而普通商品住房则是提供其产权式的体面住房，因此毫无疑问属于国家对基本住房需要以上的保障。

此外，对金融机构住房按揭贷款进行限制以及区分征缴营业税作为控

---

① 2005年4月建设部等部委发布《关于做好稳定住房价格工作的意见》首次提出："为了合理引导住房建设与消费，大力发展省地型住房，在规划审批、土地供应以及信贷、税收等方面，对中小套型、中低价位普通住房给予优惠政策支持。"

② 2006年国务院办公厅转发建设部等部门《关于调整住房供应结构稳定住房价格意见》的通知中提出"自2006年6月1日起，凡新审批、新开工的商品住房建设，套型建筑面积90平方米以下住房（含经济适用住房）面积所占比重，必须达到开发建设总面积的70%以上。直辖市、计划单列市、省会城市因特殊情况需要调整上述比例的，必须报建设部批准"。

制金融风险的主要手段,当以"普通自住住房"作为区分标准时,也体现了国家保障居民普通住房的自住需求的政策目标。2005年,国务院转发建设部等七部门《关于做好稳定住房价格工作意见的通知》首次提出,个人购买普通住房超过二年转手交易,免征营业税。此外,差别化信贷政策要求限制二套房贷款的同时,支持居民首次贷款购买普通自住房。这两项政策都保障居民的普通自住住房的取得和交易。

二 政策形成自由及其约束

经济适用房和公共租赁住房作为国家通过财政补助住房困难群体的行政给付行为,其保障的范围和供给的数量在法律、行政法规和建设部的部门规章层面都未有规定,建设部规章《经济适用住房管理办法》仅就经济适用住房的开发模式、价格制定和分配程序等进行了规制,各地方申请经济适用房的居民资格条件和保障范围完全取决于地方政府的财政能力以及中央监督地方实施的"目标责任书"制度,例如综观上海市2009年开始实施的经济适用房制度,其保障范围随着财政投入建设数量的增加不断扩大,而且每一次保障范围的扩大即申请资格在收入上的提高都仅是以上海市住房保障局的规范性文件来规定的。①

按揭贷款的限制和税收免缴的区分标准随着经济环境的变化而变化的特征就更为明显。自2005年6月1日起,对个人购买普通住房超过2年(含2年)转手交易的,销售时免征营业税,后在房价形势更加严峻的情况下,2006年国务院在《关于调整住房供应结构稳定住房价格的意见》一文中又将2年期限提高至5年。 然而,当2008年全球金融危机爆发,面对出口形势急剧下滑的情势,住房市场又成为拉动经济的杠杆,2008年12月17日的国务院常务会议的决定又缓和了税收等的调控力度。另一方面,国家通过提高个人住房按揭贷款首付款比例,以及限制贷款套数和类型抑制投资用房的交易。面对2004年出现的房屋价格的高涨,2006年国务院在《关于调整住房供应结构稳定住房价格的意见》一文中,提出有区别地

---

① 上海市经济适用房准入标准2009年为人均可支配收入27600元,人均财产70000元,2010年提高到人均可支配收入34800元,人均财产9万元,2011年又提高到人均可支配收入39800元,人均财产12万元。

适度调整住房消费信贷政策。为抑制房价过快上涨，从 2006 年 6 月 1 日起，个人住房按揭贷款首付款比例提高至 30%。但在 2008 年、2010 年金融危机和房价再次上涨过快的情况下，政策又来回发生了调整。

可见，这些针对基本住房需要以上的国家保障在保障范围和方式上行政机关具有不受任何约束的政策形成自由，往往随着财政能力和经济因素的变化自由调整。仔细观察上述国家的保障与干预政策，会发现这些住房政策的目的往往非常复杂，除了保障中低收入群体可以在市场中购买到自己可负担的住房外，更多还包含了对围绕住房所产生的各种产业经济效益的考虑，例如针对低收入群体的经济适用住房采取购买产权的方式就包含了国家希望住房消费带动经济发展的目的。而在个人住房按揭贷款和营业税征收政策中，伴随国家经济起伏，按揭贷款的条件和营业税征缴对象不断发生调整。

住房既具有商品的属性，又具有公共物品的属性，这决定了国家在住房政策中，要兼而考虑经济发展与权利保障双重的因素。因此，正如《国务院办公厅关于促进房地产市场平稳健康发展的通知》一文中所总结的那样，我国现阶段住房政策是为了"实现保增长、扩内需、惠民生"的目标，一方面要考虑维持住房产业的繁荣，拉动经济增长，保持内需；另一方面要避免住房市场过度膨胀给公共居住生活带来的侵害，进行采取适当的干预，在保障的同时还寄希望于保障房建设也能拉动产业的发展。同一项手段中往往包含着多重的政策目标。这种多元目标指导下的住宅政策，如何衡量手段选择和政策目的之间的匹配，就成为非常专业的经济学、社会政策研究的问题，需要进行严格的分析和评估，在政策设计上必须依赖专业的政策评估以实现专业性的经济目标，在制度形成过程中必须依靠多元的利益表达机制，来赋予"目的"正当性、合理性，并使多元的目的得到均衡的实现。

此外，由于住房保障无论是实物还是金钱上的补助，都需要花费大量金钱，对国家财政压力巨大，但现代国家已经认识到，社会的弱者很多是来自于现代资本主义经济制度本身的结构性问题，所以人们大多认同，作为人之为人的基本尊严，应通过对其他纳税人施加金钱上的负担，来使这一部分生活弱者的权利得到保障，满足"基本住房需要"。但是，最基本的需要之上，国家使用全体纳税人的税收来保障一部分人的权利，保障到何种程度，如何平衡纳税人的财产限制与被保障者的权利，以及政府权力膨胀与市场自由效率之间的矛盾，应当依靠政策形成过程的多元利益表达机制来实现，必须使纳税人的代表、不同层次住房保障需求人群、经济政策领域的专家等通过民主的程序来实现最佳的政策结果。

其实，这正是社会法治国家的基本原理所要求的。为了实现社会国家的目标，国家权力往往急剧扩张，民主制则是约束国家权力侵犯基本人权的良方。君主专制时期和社会主义国家时期，以君主权力和国家权力自上而下实现"全体主义式社会国家"，在实现全民福利的同时，也侵害了公民的自由权。现代福利国家仅以宪法上的基本权、在违宪审查中对立法者形成义务的审查以及对行政机关行政裁量的限制，难以达到真正法治的精神，而以必须配置以规范、合理、实质的民主制来制约社会国家权力的滥用。

具体而言，民主制原理要求制定住房保障政策的过程必须是全国公民的政治过程，而不能由国家专断。住房保障属于社会中弱者的少数派的利益，宪法所确立的立法程序不仅应明确多数派的位置，而且也要保障少数派的位置。民主制的政治过程中必须留有追求多样政治目标的余地，不仅以多数派的政治支配为根据，而且要保障多数派少数派之间变动的可能性。

而在我国现今住房保障制度的形成中，权力机关的执行机关国务院和地方各级人民政府及其建设部门起到了主导作用。综观1998年住房制度改革至今的住房保障政策的出台，无一不是由国务院通过国务院文件的形式或通过国务院常务会议确立主要的政策方向和内容，各地方人民政府再结合地方具体情况贯彻执行。而国务院所主导的政策制定过程中，国家将房地产业作为重要经济支柱，长期主导政策的方向，国务院的各部委中主导经济产业的部门在政策制定中也占据更重要的位置，即使在以保障为主要方向的政策制定中，也是由住房和城乡建设部负责，主持福利工作的民政部门和劳动社会保障部门却鲜有发言权，而在住房和城乡建设部的职责分配中，尽管2008年《住房和城乡建设部主要职责内设机构和人员编制规定》中将承担保障城镇低收入家庭住房的责任作为首要职责，但与其承担的城乡规划和房地产市场秩序监管等职能相比较，住房保障所带来的部门利益明显要少，因此，建设部门内部对住房保障工作可能也少有积极性。

地方人民政府作为住房保障政策的制定者，土地出让财政收入的利益和房地产业经济贡献的利益对政策的内容起着主导作用。从而，在行政机关内部决策的前提下，平衡不同部门的发言权、加强住房保障机构的利益表达机制也许是改善我国城市居民"基本住房需要以上"的住房权利的现实之径。

此外，宪法上的"不足禁止"原则的内涵也可为约束国家的住房保障义务提供一种思路。根据德国联邦宪法法院裁判和宪法理论，如果国家以侵害性行为限制公民自由权利时，必须遵守"过当禁止原则"，即国家使用的侵害性手段相较于其达成的公益目的，应符合适当性、必要性与狭义比例原则的要求；而在达成给付目的时，要满足"不足禁止原则"，要求保护手段必须能够发挥实效。国家在履行基本权保护义务时，尽管有权基于资源的有限性等选择特定的手段，但立法者的立法裁量与行政机关的裁量都必须选择合理、有助于问题解决的措施。[①] 宪法上的基本权利除了防御权功能，还具备给付义务、保护义务等功能。保护义务的目的是防止国家对公民的基本权利保护不足，对其审查应适用不足之禁止原则。该原则界定国家履行保护义务的边界，是衡量国家是否充分履行保护义务的标准。应以最低保护要求为基础建构不足之禁止原则的审查标准。在德国第二次堕胎判决中，判决明确指出："确定具体的保护方式和保护范围是立法者的任务，宪法将保护义务视为目的，却不提供具体的保护方案，但立法者需要注意'不足之禁止'原则，并在此范围内受到宪法的司法审查；国家必须考虑到相互冲突的法益，从而提供一种适当的保护，起决定作用的是保护本身即为有效；立法者采取的措施必须足以提供适当的、有效的保护，保护方案应建立在认真查明事实以及合理作出评估的基础之上。"[②] 以此为框架，对于立法机关和行政机关提供的住房保障就要满足适当、有效的保护，禁止不足。当然，我国在宪法层面尚未有该原则的内容，也许在未

---

① 参见吕理翔《福利行政的合法性问题：从住户自行负担无自来水地区延管工程费用谈起》，《"第二届两岸行政法对话论坛：行政程序与福利行政的研究对话"文集》2018年9月，第193页。

② 参见陈征《德国第二次堕胎判决对我国的借鉴意义及待解决的问题》，《中国法律评论》2019年第1期。

来的制度建设中会生成这一思路。

综上所述，面对2004年以来我国住房市场的高度市场化和住房价格高涨现象，中央和各地方政府出台了一系列调控政策试图对住房市场进行规制，同时强化了保障性住房供给的制度。然而这些政策往往由不同的行政部门分别决策，并随着国家经济形势的变化不断调整，临时而且分散。毫无疑问，住房本身的商品性质决定了对住房市场的干预是典型的经济政策选择，而居住保障作为基本人权又赋予了其福利政策的特征，从而，国家对住房市场的规制，无论是消极的干预还是积极的提供，都复杂地融合了不同的政策目的，这也使政策的决策者在"综合考虑经济和社会因素——基本人权法定保障""广泛裁量（政策形成自由）——羁束"之间徘徊。本文试图通过"基本生活""基本住房需要"的概念，打通住房政策设计的裁量性与住房权利保障的隔阂，确立国家最低限度的保障义务，并提出政策决策过程中民主要素是解决基本住房需要以上中低收入群体住房保障问题的根本途径。

第三节 流入人口住房保障权的实现

一 流入人口住房保障不足的现状

《国务院关于深入推进新型城镇化建设的若干意见》提出了通过户籍制度改革积极推进农业转移人口市民化以及完善住房制度满足市民的居住需要两项要求。新型城镇化是以人为本的城市化模式，强调城市化的质量，更加需要关注民生特别是城市居民的住房问题。

城镇化是人口集聚地的生产和生活，其不仅表现为物理上土地用途从农业转变为建设用途，更体现为人的城镇化，即人口在物理空间中集聚式地生产、生活。而保证这种形态得以持续的前提是，人口在城镇中有生产和生活的场所与权利。因此，如何通过产业发展、产业政策的调整保证人口的就业，以及对住房市场进行干预和供给市民可负担住宅、保障相关福利权的获得（具有合法稳定就业和合法稳定住所是在城市中获得市民权利的基础），应是我国新型城镇化制度研究的重要课题之一。

从我国的现状来看，第一，土地的城镇化率和人口的城镇化率存在缺口，许多农村人口进入城市就业，但并未成为城市的居民。他们大量居住在城市郊区、以租赁甚至群租方式居住在违章建筑中，租赁关系不稳定，被城市的房地产产权市场和住房保障体系所排斥，甚至无法提供申请市民福利的居所证明。

第二，诸多农村村民在没有产业就业（城市得以形成的必备条件）的情况下，在国家为了取得建设用地指标以及消化过度开发的房地产项目的带动下，迁居于新建的居民区，形成人为的城镇化居住模式，带来了个体和家庭生活的负担乃至城镇化不可持续的社会后果。

第三，住房政策加剧了不同群体的社会分层，甚至直接导致了贫富的鸿沟和社会排斥。首先，从20世纪90年代住房产权附带户籍的政策到今日地方政府将人才引进与保障房供给捆绑，这些住房政策对城市之间居民的迁徙动机产生了重要影响，造成城市之间发展的竞争困境，富者愈富，穷者愈穷。其次，城市快速开发和更新中使用的郊区安置模式、保障房的郊区集中建设模式以及住房市场自由化政策带来的居住空间的资本化，人为地造成了居民住房支出承受能力的下降、与居住相关其他福利水平的下降以及不同人群居住空间的排斥和隔离。这些问题都需要通过新的城市法治政策进行调整和改善。

住房问题是伴随着城市的发展而来的。因为工业的出现才发生人口居住的聚集。世界各国历史经验证明，市场机制本身难以形成适宜人居住的城市环境和条件，而过度的不适当政府干预，也会导致居民的住房权利和相关福利权利的损害，甚至城市的衰败。因此法律制度应当及时应对新型城镇化的人的定居问题，反思政府的责任及其边界，构建合理的机制和模式。

作为城镇化的主要发展目标，进入特大型城市工作一定时期的农民工如何真正成为城市的市民以及小城镇如何吸引定居的人口是法律制度建设首先需要考虑的问题。其中，前者需要研究的是如何解决住房福利的磁吸力作用与农民工住房保障的矛盾，后者则要研究政府的行政干预和引导如何合理地创造就业与住房的一体化环境，从而使人口真正流入并定居于小城镇。

二 学界研究的现状

针对我国近年来不同流动人口在城市中的居住现状、由此产生的社会问题及其相关机制，社会学、城市规划等学科都进了较为丰富的研究。

城市原居民与新移民的住房差异非常显著。城市新移民的住房选择受到制度因素和市场因素的双重制约，二元格局的户籍制度使新移民难享城市各种福利，吴维平（2002）认为市场上大多数新移民既无法负担得起商品房，且其在租赁房屋上同样缺乏权利保障。城市住房体制改革在很大程度上忽视了边缘人群特别是外来人口的住房需要，他们基本被置于主流住房分配体制之外（吴维平等，2002）。

陈映芳（2012）通过田野调查了租住在城内和城乡接合部的廉价住房的情况，调查了其租赁的关系，居住的条件。赵晔琴（2014）根据对667户在沪外来务工人员家庭的调查，发现了农民工住房租赁关系不稳定、条件差等现状，并提出农民工的住房需求已不仅仅是农民工自身的需要和一个单向的市场供应问题，它应该被纳入城市总体建设和社会治理的考虑之中。城市政府应当分步骤分层次地逐步将外来务工人员的住房需求纳入城市保障性住房体系中，并建立移入地政府与移出地政府的住房协商机制。张翼（2010）提出了"常住化"的观点。他的研究发现农业人口不愿放弃其在农村的土地权利是阻碍其获得城市户籍的主要原因。由此他认为应该完善居住制度，让农民工在不丧失土地权利的前提下获得平等的市民待遇。陈映芳（2012）通过对希望定居于城市的市民所面对的获得"住房"这一门槛的分析，展现了户籍制度以外的房地产开发制度和住房政策对人的市民化的影响。其指出房地产开发本质上是对不同购买力的社会成员吸纳和排斥的过程。我国住房政策构成的住房供给结构其目的一方面在于将个人抛入房地产市场；另一方面形成了城市内部不同阶层和职业团体的社会排斥、市民和移民之间的排斥。陆巍戎（2011）则具体研究了高学历新移民的居住选择，以此分析新的高学历移民在城市中定居的困难。

李志刚和吴缚龙（2008）运用2000年第五次人口普查居委会层面的数据对上海居住分异的研究发现，在市场化的城市住房消费模式下，基于住房产权（housing tenure）的各类社会阶层正在形成且其居住空间分异日益明显，并认为"户口""单位"等制度因素将持续影响中国城市的群体分布和住房格局。在空间上住房格局的演化表现为同时存在的主动聚居和被动隔离，居住差异将型塑人的社会属性差异（刘祖云等，2012）。研究表明，中国城市居住分异在转型期普遍存在，除对"北上广"的研究外，还有对南京（刘玉亭等，2007）、武汉（黄友琴等，2009）、南昌（吴骏莲等，2005）等城市的研究，新的社会空间分异和弱势群体集聚区的出现与政治经济转型背景密切联系（李志刚等，2004；吴骏莲等，2005）；研究者们倡导政府在效率与公平的均衡目标下对居住分异进行平衡。

旧福利体制下完成的房屋私有化过程成为城市住房不平等最初的结构性因素（Sato，2006）。边燕杰等（2005）研究发现精英阶层在制度转型中获利最多。闫小培等（2001）研究指出商品房开发对城市社会结构产生重要影响。罗国芬（2011）研究了旧城区下层居民要求政府进行旧房改造、被征收的诉求，展现了低收入群体的居住固化。陈映芳（2012）通过对社会主义时期上海市棚户区改造历程的梳理，讨论了住宅政策对贫民区居民生活的影响。

城市原居民与新移民的住房差异更为显著。城市新移民的住房选择受到制度因素和市场因素的双重制约，二元格局的户籍制度使新移民难享城市各种福利，吴维平（2002）认为市场上大多数新移民既无法负担得起商品房，且其在租赁房屋上同样缺乏权利保障。城市住房体制改革在很大程度上忽视了边缘人群特别是外来人口的住房需要，他们基本被置于主流住房分配体制之外（吴维平等，2002）。

陈宏胜、刘晔、李志刚（2015）通过对广州3个典型保障房社区进行实证调查，对保障房居民居住意愿及其影响因素进行了研究，并对当前保障房社区建设提出了建议。宋伟轩（2011）研究了北京、上海、南京等五大城市保障性住房空间布局特征，指出大城市保障性住房普遍存在空间选址偏僻、大规模集中建设、配套设施不完善等现实问题。提出大城市保障性住房集中建设在偏远郊区可能导致社会隔离与排斥加剧、出现城市贫民区与贫困文化、贫困的代际延续与社会风险加剧等一系列社会问题，建议政府出台相应法律法规,重置城市保障性住房的空间分配格局,维护城市空间资源分配的公平公正。

然而法学方面的针对性研究还很薄弱。有个别研究针对了新生代农民工住房保障问题,提出,新生代农民工进城后的住房保障问题成为横亘在新生代农民工城市融入进程中的主要障碍。构建新生代农民工城市融入的住房保障法律框架将其纳入法制轨道,运用市场和政府互补的解决途径(赵宁)。也有研究特别研讨了农民工是否是公积金申请人的"职工",从公积金制度的历史发展和法律属性出发,指出住房需求与同工同酬要求住房公积金对农民工适用的必要性,但农民工之于住房公积金的需求与城市居民的差异,并提出了具体的建议(李文静,2013)。这些研究不仅在数量上十分有限,而且研究的针对性和深度都还有所不足。

一方面,很多学者从宪法上住房权是否成立的角度,试图通过分析住宅保障在宪法上的保障方式来对我国近年来严峻住房问题提出改善的思路。例如余南平、凌维慈(2008)在《试论住宅权保障》一文中,指出公法和私法两种保障机制,特别提出了作为宪法基本权利的住宅权成立的可能性。凌维慈(2010)从宪法上住房保障权利的角度研究了日本从最初国家干预住房的住宅政策的历史,提出了国家的保障义务和公民权利地位的演变。朱福惠、李燕(2009)在《论公民住房权的宪法保障》一文中,提出住房权的保障主要依赖积极的国家财政政策以及政府改善民生的政治合法性理念加以实现。张群(2009)从人权的视角,以住房制度为中心,考察了中国古代、近代和当代的住房权的历史发展和保障的规律。在对丰富史料研究的基础上,提出"在古代社会,个人对住房需要没有法律上可以主张的权利,国家也没有满足的义务,但这并不能否定其道德上的权利",并指出西方住房权观念和制度的输入对民国和新中国住房制度和政策产生重要影响。

这些研究提出了国家承担住房保障责任的不足,以及可以通过宪法机制予以制约的观点。在如何以宪法和法律制约国家作为义务的研究上,主要关注各国宪法规范本身是否应予明文列举住宅权,以及未列举的情况下可以通过何种机制予以保障。

另一方面,在对如何完善住房保障制度建设的研究中,有学者关注到经济适用房、廉租住房准入标准的问题，例如符启林、罗晋京在《对我国廉租住房立法的建议》一文中，提出了廉租住房准入标准过高、以户籍为要件的不足，并指出在制定程序上应深入调研、广泛听取群众意见的完善方法，实际上已经触及了国家保障义务究竟应履行到何种程度的问题。

民商法和经济法领域近年来针对完善我国住房保障制度发表了一些研究成果。相关研究关注到房地产调控措施背后中央和地方的财政分配问题（冯辉）、制定《住房保障法》必须解决的保障性住房的准入和退出机制问题（郑尚元）、房屋租金管制的合法性和可行性（许德风）。

行政法学界也有相关研究关注到国家保障义务和经济发展之间的政策目标矛盾，并以此为基础探讨了住房保障政策的行政裁量性和羁束性之间的关系（凌维慈，2013），从美国包容性规划法律制度的发展和内涵出发，探讨我国解决保障房选址的包容性问题的法律途径（卢超，2014；凌维慈，2013）的研究，还有从法律关系的角度讨论限价商品房违反自住使用等要求解除合同的法律形式与途径（凌维慈，2010）。

三　研究的思路

从住房保障的角度出发，需要在制度设计上研究三个重要问题。第一，住房保障权的承担主体是否应超越城市地方政府。城市政府无法充分为进入本市工业和服务业的劳动力提供住房保障的核心障碍在于福利的磁吸力作用（即住房保障作为福利会吸引人口，导致城市无法负担），以及现有法律框架内无法解决集体产权和社会保障与城市福利保障的对接。这两项制度障碍都必须通过对理论上和法律规范上的责任承担主体进行深入研究。第二，集体土地无建设规划许可建筑物转变为保障性住房的法律论证。从产业发展的需要以及我国城市住房价格的现状来看，农民工住房保障的最便利途径是位于工厂附近居住、在市区具有稳定租赁关系的居住形态。因此就必须在制度上解决城乡接合部拆除违章建筑物与农民工租赁权保障的矛盾。即必须通过法律上的论证找到一条途径，对虽然无规划许可证，但其建成形态与现有周边设施情况考虑，在已符合规划要求的情况下，是否可转变为农民工的公共租赁房的制度。第三，通过深入研究设计农民工取得城市住房保障的要件。从我国现有的实践来看，各地都已实施了对具有劳动合同、缴纳社会保险一定年限的农民工纳入住房保障的制度。然而，这些要件是否违反宪法上平等保护的原则，需要结合充分的实践调研以及理论论证来寻求。

然而，法学界已有的研究，相对于我国城镇化过程中人的居住权利保障的课题，是相当不足的。对应于社会学界、城市规划学界已经观察到和洞察到的城市中人的居住分异问题、农村移民的居住保障问题，法学在法律制度设计及其原理的探究上几乎是空白的，而从世界各国的经验来看，解决这些问题，最后必须依赖法律上对物权的社会规制侧面制度、行政法上对地方政府规则制定权限、程序等的充分研究。

结　　语

　　无论住房政策承担的是给付行政任务，还是宏观调控任务，我国的住房政策大多都是通过不受法律控制的行政裁量做出的。规制的专业性、给付行政对法律保留的低要求以及宏观调控政策需要及时捕捉调控时机的特殊性都为这种政策裁量提供了正当化的理由。政策的决策者在近十年的决策过程中充分运用了对市场主体的"调控"的手段，其对国家与市场的关系、私人财产自由与公权力的关系等产生了深远的影响，值得公法学界进行深刻反思与总结。

　　住房政策的制定中凸显出政策裁量与法律控制的矛盾。一方面，住房政策的规范内容涉及公民的住房保障权以及市场中开发商、物权人、消费者等各方的权利义务，需要受到法律控制；另一方面，住房政策承担着社会政策和宏观调控的行政任务，需要充分的政策裁量。传统的合法性控制理论已经无法充分回应住房政策的法律控制问题。因此，有必要通过区分住房政策所承担的不同行政任务，探索法律对政策的控制方式。住房政策承担给付行政任务时，运用社会性规制方式的，应获得法律的授权，并缓和适用比例原则；运用行政给付方式的，尽管无须法律保留，但应通过预算、行政内部监督以及基本权利的约束确保其分配的公正。当住房政策兼负宏观调控任务时，应当区分政策的法律后果，形成不同的控制方式，尤其应减少补贴政策的运用。

　　住房政策涉及国家的产业政策与微观市场规制等多重行政任务，体现了我国社会主义市场经济中国家对特定市场领域的全面干预。历史经验证明，这种干预有其成功之处，但失败也比比皆是。注重程序和人权保护价值的法律控制往往是此类政策实施的"绊脚石"。因此，理论研究需要思考在中国的经济体制条件下，如何形成适合我国的法律控制机制，使其既能在合理的范围内确保市场主体的财产自由和公民的福利权，又能促进国家的经济和产业发展。本书的结论是，应当以发展的眼光正视我国行政机关的经济职能，在加强其规制性（侵害性）行政的形式法治（明确的授权依据）的同时，把法律控制的重点放在政策形成过程中如何加强外部监督和民主性的制度设计之上。无论如何，我国现阶段有必要在行政机关负责人的政治责任以外，建设规制政府经济职能的法律制度，通过两者的共同作用，合力形成更佳的政策效果与可预期的、安定的规则体系。

实质上，法律对行政的控制方式与行政任务本身密切相关。以成熟法治国家行政法理论为蓝本建设的我国行政法理论，多针对的是夜警国家（近代行政）到福利国家（现代行政）发展历史过程中的行政任务，而对我国宏观调控任务，特别是计划经济时代遗留的行政任务以及社会和市场对行政的高度依赖性研究较少。与西方国家相比，我国政府的职能转变经历了截然不同的历程。很多西方国家在发展中渐次出现的问题在中国则叠加出现。正如公共管理学科领域的学者所指出的，"中国从高度集中的计划经济向市场经济转变的过程带有强烈的政府主导色彩，这种主导型的职能模式要求政府具备较高的能力以弥补转型经济的内在体制缺陷。"[①]因此，行政法理论的发展必须应对行政任务的特点，既要关注从行政行为的法律效果角度进行合法性评价，又要提供能够平衡权利保护和行政任务实现的法律控制方式。

[①] 薛澜、李宇环：《走向国家治理现代化的政府职能转变：系统思维与改革取向》，《政治学研究》2014年第5期。

参考文献

一 著作

应松年主编：《行政法与行政诉讼法》（第2版），法律出版社2009年版。

章剑生：《现代行政法专题》，清华大学出版社2014年版。

［日］芦部信喜：《宪法》，林来梵、凌维慈、龙绚丽译，北京大学出版社2006年版。

翁岳生编：《行政法》（上册），中国法制出版社2002年版。

［德］哈特穆特·毛雷尔：《行政法学总论》，高家伟译，法律出版社2000年版。

［日］植草益：《微观规制经济学》，朱绍文、胡欣欣等校译，中国发展出版社1992年版。

［美］理查德·B.斯图尔特：《美国行政法的重构》，沈岿译，商务印书馆2002年版。

［英］安东尼奥格斯著：《规制：法律形式与经济学理论》，骆梅英译，中国人民大学出版社2008年版。

葛克昌：《所得税与宪法》，北京大学出版社2004年版。

［日］须藤阳子：『比例原則の現代的意義と機能』，日本法律文化社2010年版。

［日］村上武则：『給付行政の理論』，有信堂2002年版。

［美］理查德雷恩著：《政府与企业——比较视角下的美国政治经济体制》，何俊志译，复旦大学出版社2007年版。

［美］凯斯·R.森斯坦：《规制是如何失灵的？》，钟瑞华译，载傅蔚冈、宋华琳主编《规制研究》第1辑，格致出版社、上海人民出版社

2008年版。

余晖：《管制与自律》，浙江大学出版社2008年版。

蔡茂寅：《预算法之原理》，台北元照出版有限公司2008年版。

张翔主编：《德国宪法案例选释（第1辑）——基本权利总论》，法律出版社2012年版。

沈政雄：《社会保障给付之行政法学分析——给付行政法论之再开发》，台北元照出版有限公司2011年版。

陈敏：《行政法总论》，新学林出版社2011年版。

卢峰：《宏调的逻辑——从十年宏调史读懂中国经济》，中信出版社2016年版。

建设部课题组：《住房、住房制度改革和房地产市场专题研究》，中国建筑工业出版社2007年版。

［美］斯蒂格利茨：《经济学》（下册），姚开健等译，中国人民大学出版社1997年版。

［美］朱迪弗里曼著：《合作治理与新行政法》，毕洪海、陈标冲译，商务印书馆2010年版。

［日］芝池義一：『行政法総論講義』，有斐閣2006年版。

中华人民共和国最高人民法院行政审判厅编：《中国审判案例》（第2卷），中国法制出版社2011年版。

朱芒、陈越峰主编：《现代法中的城市规划：都市法研究初步》（下卷），法律出版社2012年版。

［美］道格拉斯·S.梅西、兰·奥尔布赖特、瑞贝卡·卡斯诺、伊丽莎白·德里克森、大卫·N.肯锡：《攀登劳雷尔山——一个美国郊区围绕保障性住房的抗争及社会流动》，朱迪、张悦怡译，社会科学文献出版社2017年版。

冯健主编：《城市社会的空间视角》，中国建筑工业出版社2010年版。

陈映芳：《城市中国的逻辑》，生活·读书·新知三联书店2012年版。

［美］阿列克斯·施瓦茨：《美国住房政策》黄瑛译，中信出版社2008年版。

David H. Rosenbloom, Richard D. Schwartz, *Handbook of Regulation and*

Administrative Law, M. Dekker, 1994.

Robert C. Ellickson, Vicki L. Been, Roderick M. Hills (Jr.), Christopher Serkin, *Land Use Controls: Cases and Materials*, Wolters Kluwer Law & Business, 2013.

Peter Schuck, *Diversity in America: Keeping Government at a Safe Distance*, Harvard University Press, 2003.

William A. Fischel, "The Rise of the Homevoters: How the Growth Machine Was Subverted by OPEC and Earth Day", *in Evidence and Innovation in Housing Law and Policy*, edited by Lee Anne Fennell and Benjamin J. Keys. Cambridge, UK: Cambridge University Press, 2017.

二　论文

沈岿：《监控者与管理者可否合一：行政法学体系转型的基础问题》，《中国法学》2016年第1期。

于安：《论协调发展导向型行政法》，《国家行政学院学报》2010年第1期。

王锡锌：《行政正当性需求的回归——中国新行政法概念的提出、逻辑与制度框架》，《清华法学》2009年第2期。

李洪雷：《中国行政法（学）的发展趋势——兼评"新行政法"的兴起》，《行政法学研究》2014年第1期。

厉伟：《住房市场政府干预：国际借鉴及中国政策选择》，《经济体制改革》2007年第1期。

黄茂荣：《不动产价格之狂飙及其管制（上）》，《交大法学》2012年第1期。

杨登杰：《执中行权的宪法比例原则兼与美国多元审查基准比较》，《中外法学》2015年第2期。

赵燕菁：《城市规划与房地产监管》，《城市规划》2016年第2期。

史际春、肖竹：《论分权、法治的宏观调控》，《中国法学》2006年第4期。

付敏杰：《财政政策为什么退出了美国的宏观调控舞台？——事实、文献与观点》，《金融评论》2013年第3期。

吴越：《宏观调控：宜政策化抑或制度化》，《中国法学》2008年第1期。

胡敏洁：《给付行政范畴的中国生成》，《中国法学》2013年第2期。

赵宏：《法律关系取代行政行为的可能和困局》，《法学家》2015年第2期。

严益州：《德国行政法上的双阶理论》，《环球法律评论》2015 年第 1 期。

张青波：《行政主体从事私法活动的公法界限——以德国法为参照》，《环球法律评论》2014 年第 3 期。

沈政雄：《资金交付过程之行为形式论——德日学说及实务之比较》，《植根杂志》第 14 卷第 12 期。

［日］米丸恒治：『資金助成行政の行為形式論 –3 完 – 西ドイツ行政法学および裁判例の理論とその問題点』，《名古屋大学法政論集》108 卷（1986）。

［日］池田敏雄：『形式的行政行為』，［日］成田頼明編『行政法の争点』（新版），有斐閣 1990 年版。

［日］小高剛：『公共住宅をめぐる法律上の諸問題』,ジュリスト第 539 号，1973 年。

［日］野呂充：『公営住宅の使用関係―近時の最高裁判例を中心として―』，広島法学，18 巻 1 号，1994 年 7 月。

吴晓林：《城市封闭社区的改革与治理》，《国家行政学院学报》2018 年第 2 期。

刘晔、李志刚：《20 世纪 90 年代以来封闭社区国内外研究述评》，《人文地理》2010 年第 3 期。

王天华：《日本的"公法上的当事人诉讼"——脱离传统行政诉讼模式的一个路径》，《比较法研究》2008 年第 3 期。

方长春：《中国城市居住空间的变迁及其内在逻辑》，《学术月刊》2014 年第 1 期。

郑思齐、张英杰：《保障性住房的空间选择：理论基础、国际经验与中国显示》，《现代城市研究》2010 年第 9 期。

赵聚军：《保障房空间布局失衡与中国大城市居住隔离现象的萌发》，《中国行政管理》2014 年第 7 期。

李泠烨：《城市规划合法性基础研究——以美国区划制度初期的公共利益判断为对象》，《环球法律评论》2010 年第 3 期。

李泠烨：《城乡规划中"公共福祉"的判定研究——一则著名美国案例的分析及其对中国的启示》，《行政法学研究》2012 年第 2 期。

成协中：《城市土地国家所有的实际效果与规范意义》，《交大法学》2015 年第 2 期。

梅夏英：《民法典编纂中所有权规则的立法发展与完善》，《清华法学》2018 年第 2 期。

Henry O. Pollakowski and Susan M. Wachter, "The Effects of Land-Use Constraints on Housing Prices", *Land Economics*, Vol. 66, No. 3.

Brian R. Lerman, "Mandatory Inclusionary Zoning—The Answer to The Affordable Housing Problem", 33 *B.C. Envtl. Aff. L. Rev.* 406(2006).

Jeffrey M. Lehmann, "Reversing Judicial Deference Toward Exclusionary Zoning: A Suggested Approach", *Journal of Affordable Housing & Community Development Law*, Vol. 12, No. 2(Winter 2003).

Klaus Frantz, "Gated Communities in the USA—A New Trend in Urban Development", *Espace, Populations, Societes*, 2000-1.

Been Vicki and Madar Josiah and McDonnell Simon Thomas, "Urban Land-Use Regulation: Are Homevoters Overtaking the Growth Machine?" *Journal of Empirical Legal Studies*, Vol. 11, Issue 2, 2014.

后　　记

当我在 12 年前完成自己的博士学位论文《住宅的公法保障——以日本经验为焦点的比较法考察》时，深感论文中对中国问题的阐述与"比较法考察"之名并不相符，顶多也就算是"反思与启示"，暗暗下定决心，下一阶段的研究任务就是完成对中国问题的分析，从而形成可以对话的分析框架，进而反哺总论。

没想到这项研究整整持续了我从一个学术青年到学术中年的十年时间。持续时间之久，一方面归咎于本人的懒惰；另一方面则是研究对象成熟阶段使然。当我在撰写博士学位论文的时候，选择外国法研究，除了是要去寻找分析框架，也是因为无法回避国内相关研究对象尚处于起步阶段，住房问题及其对策只是初步显现，远未达到可以系统分析的程度。归功于 2008 年的金融危机以及与此相伴随的诸多住房政策的出台和实施，我的研究有了充分的素材。因此，2011—2018 年，我陆陆续续沿着自己最初的设想，从法律关系、政策裁量、住房公平权等角度对我国的住房政策进行了持续不断的研究，并得以发表。

这十年的研究过程，也是我不断否定自己研究思路的艰难过程。我最初对住房领域的进入是从宪法上的社会权入手的，对日本的考察也是基于这个视角。但在完成博士学位论文时，我已经意识到由于宪法社会权的纲领性属性，必须回到具体制度中，探寻这种权利得以支撑的基础。因此，在研究我国的住房政策和权利时，我更注重观察制度的形成过程和因素，并希望通过考察住房行政的约束机制，反过来思考住房权的可得性。从行政法的诸多最基础的理论，例如何为"行政"、给付行政的法律控制、给付行政法律关系等出发，考察我国住房领域的行政活动，的确得到了许多意想不到的研究结论。有意思的是，尽管所有的视角都是从行政法这一更加具体的层面切入，但是却都在论证的过程中触及了社会国家的宪法理论，例如平等权、国家的保护义务与不足禁止原则等。

研究工作往往是很孤独的，但绝不是封闭的，感谢一路上的良师益友，为我提供了诸多智识上的启发。感谢许琳编辑的高效工作。感谢我的家人，我所有的作品都献给他们。

本书出版之后，本人对住房政策与法律的系统研究也将告一段落。未来期待自己能从这些年来在具体行政领域研究的心得和结论，回归到行政法乃至宪法的基本理论层面，去审视和回答我国给付行政、发展行政的基本问题。

凌维慈
2019 年 4 月 5 日于上海